Antonio Sciortino

Anche voi foste stranieri

L'immigrazione, la Chiesa e la società italiana

Ad Alberto
con infinita
stima e
simpatia
don Sciortino

Editori Laterza

Prima edizione 2010

www.laterza.it

Questo libro è stampato
su carta amica delle foreste, certificata
dal Forest Stewardship Council

Finito di stampare nell'aprile 2010
SEDIT - Bari (Italy)
per conto della
Gius. Laterza & Figli Spa
ISBN 978-88-420-9316-9

a don Leonardo Zega
maestro di vita
e di giornalismo

Indice

Anche voi foste stranieri

L'immigrazione, la Chiesa e la società italiana

La politica dello struzzo
No alla fortezza Europa

Una bomba a orologeria

Il tema dell'immigrazione spacca il Paese ed eccita gli animi. Due Italie si contrappongono. A torto o a ragione. C'è chi soffia sul fuoco, alimentando paure e tensioni. Chi affronta il problema con superficialità. Quasi non lo riguardasse. Chi, di fronte a un immigrato, sbuffa infastidito. Sempre, e a prescindere. E chi, infine, capisce che una soluzione va trovata. Nell'accoglienza e nella legalità. La politica dello struzzo non paga. Non serve nascondere la testa nella sabbia. O girarsi dall'altra parte. Ma è deprecabile la chiamata alle armi per sbarrare il passo allo straniero. Anzi. È un terribile boomerang. Un'illusione. Crea ancor più problemi.

Tempi e occasioni perse, ogni giorno. A iosa. Con l'irresponsabile complicità di chi non sa governare il fenomeno. O, meglio, preferisce usarlo. Perché è meno impegnativo. E, poi, rende di più. Per lo meno in consenso popolare. Cioè voti, tanti voti. Soprattutto al Nord. Come capita, quando si parla alla «pancia» del Paese. Meglio se in tempi di crisi. E non solo economica. Perché è comodo avere un «capro espiatorio», su cui scaricare la responsabilità di tanti malesseri. Che non siamo attrezzati ad affrontare. E superare. Meglio, allora, il gioco al ribasso. Del tanto peggio, tanto meglio. Nella confusione, chi ha meno «talenti» profitta dell'«italica furbizia» (virtù per alcuni, il peggiore dei vizi per altri), per lucrarci qualcosa. Non importa a che prezzo. Anche quando ci sono in ballo la dignità delle persone e il «bene comune» del

Paese. Che è sempre più lacerato: da tempo ha smarrito le ragioni dello stare insieme. E guarda al futuro con timore.

Ma quale futuro? E con chi? Perché nessuno, oggi, lo sta costruendo. Il meglio delle energie si spreca nelle beghe del «cortile» Italia. Come i capponi di Renzo, di manzoniana memoria, che si beccano tra loro, prima di una misera fine. Così il Paese arranca. Non andrà davvero lontano. Né basta imprecare contro lo straniero che ci ruba il lavoro, violenta le donne, svaligia le case e terrorizza interi quartieri. Accade anche questo, ma quanta enfasi su Tv e giornali quando di mezzo c'è l'immigrato.

Due Italie si contrappongono. Quella «arrabbiata», pugno serrato e muso duro, che «digrigna i denti» e sbava di livore. E l'altra, quella dei buoni sentimenti, accusata di «buonismo» ma solidale e coi piedi per terra. Come chi guarda in faccia la realtà. La prima è chiassosa e impulsiva. Urla nelle piazze, agisce più d'istinto. Ha dalla sua maggiore visibilità mediatica, per amplificare parole e gesti. L'altra Italia, più silenziosa, è intenta alle emergenze e ai primi soccorsi. Ha meno tempo per i dibattiti, talora beceri, dei salotti televisivi. Spesso è volutamente ignorata. Perché il volto buono dell'Italia non ripaga. Meglio oscurarlo. Non è «politicamente corretto» dire che gli immigrati sono esseri umani. Come lo siamo noi tutti. E che i loro bambini sono uguali ai nostri figli. In tutto. Certo, anche gli stranieri hanno dei doveri, non solo diritti. E devono rispettare, rigorosamente, le nostre leggi. E anche le nostre tradizioni. Quale Italia prevarrà? In gioco c'è il nostro futuro. E la speranza del Paese.

Due appelli a chiusura e inizio anno

Due grandi personaggi del nostro tempo, ognuno con l'autorità morale propria e del ruolo che ricopre, hanno parlato a distanza di poche ore l'uno dall'altro. Il presidente della Repubblica, Giorgio Napolitano, nel tradizionale messaggio agli italiani, a fine 2009, ha messo in guardia dalle tentazioni xenofobe e razziste. «Il nuovo slancio di cui ha bisogno l'Italia», ha detto Napolitano, «per andare oltre la crisi, verso un futuro più sicuro, richiede riforme, convinzioni e partecipazione diffuse in tutte le sfere sociali. Richiede il recupero di valori condivisi. Valori di solidarietà». E ha aggiunto: «Solidarietà significa anche comprensione e accoglienza verso gli stranieri che vengono in Italia, nei modi e nei limiti stabiliti, per svolgere un onesto lavoro o per trovare rifugio da guerre e da persecuzioni: le politiche volte ad affermare la legalità e a garantire la sicurezza, pur nella loro severità, non possono far abbassare la guardia contro razzismo e xenofobia, non possono essere fraintese e prese a pretesto da chi nega ogni spirito di accoglienza con odiose preclusioni. Anche su questo versante va tutelata la coesione, e la qualità civile, della società italiana».

Se con questo augurio il presidente della Repubblica ha chiuso l'anno 2009, non è stato da meno Benedetto XVI, alla Messa in San Pietro, nella Giornata mondiale della pace, il 1° gennaio 2010. «La pace», ha detto il Papa, «incomincia da uno sguardo rispettoso, che riconosce nel volto dell'altro una persona, qualunque sia il colore della sua pelle, la sua nazionalità, la sua lingua, la sua religione». Da qui nasce il bisogno di educare i bambini al rispetto dell'altro e alla diversità. «Ormai», ha osservato Benedetto XVI, «è sempre più comune l'esperienza di classi composte da bambini di varie nazionalità, ma anche quando ciò non avviene i loro volti sono una profezia dell'umanità che siamo chiamati a formare: una famiglia di famiglie e di popoli».

«Più sono piccoli», ha aggiunto, «e più suscitano in noi la tenerezza e la gioia per l'innocenza e una fratellanza che ci appaiono evidenti: malgrado le loro differenze, piangono e ridono nello stesso modo, hanno gli stessi bisogni, comunicano spontaneamente, giocano insieme. I volti dei bambini sono come un riflesso della visione di Dio sul mondo. Perché, allora, spegnere i loro sorrisi? Perché avvelenare i loro cuori?».

«Purtroppo», ha concluso, «l'icona della Madre di Dio della tenerezza trova il suo tragico contrario nelle dolorose immagini di tanti bambini e delle loro madri in balìa di guerre e violenze: profughi, rifugiati, migranti forzati. Ma proprio i volti dei piccoli innocenti scavati dalla fame e dalle malattie, volti sfigurati dal dolore e dalla disperazione, sono un appello silenzioso alla nostra responsabilità».

«Cercavate braccia, sono arrivate persone»

Il Paese che dibatte, vuol confrontarsi e capire, scrive ai giornali. Da mesi l'immigrazione è sulla stampa con inchieste, articoli, interviste ed editoriali. Spesso suscitando rabbiose reazioni che, nelle piazze, degenerano in insulti e minacce. Ci scappa anche la querela al giornale. Come è successo a «Famiglia Cristiana», che ha denunciato il clima crescente di xenofobia alimentato da qualche forza politica. Il Paese ha una ferita aperta. E qualcuno vi versa aceto, contrastando chi la cura col balsamo. C'è un muro contro muro, che devasta il Paese, gettandolo nella confusione. Si legifera sull'onda dell'emozione, per soddisfare il popolo. Ma c'è improvvisazione. Se non arroganza. Tanto, a pagare sulla propria pelle è lo straniero. Che importa? Non vota neppure.

Il tema dell'immigrazione è nuovo per l'Italia. Si è accentuato in questi ultimi anni, con la presenza massiccia degli immigrati sul territorio. Come ricorda don Luigi Ciotti, fondatore del Gruppo Abele, il problema, oggi, è lo stesso di ieri: quello che gli immigrati italiani in Svizzera avevano riassunto su uno striscione: «Cercavate braccia, sono arrivate persone». Una lettera scritta a «Famiglia Cristiana», alla vigilia del Natale 2009, ripropone il tema. «Abito in un quartiere torinese», scrive Anna da Torino, «che nell'arco di dieci anni si è trasformato in multietnico. E, col tempo, s'è degradato. Al punto che lo stesso sindaco l'ha definito una 'bomba a orologeria'. Qui, la percentuale degli stranieri supera il 30 per cento. Senza contare quelli che, non essendo in regola, non compaiono nelle statistiche ufficiali.

È troppo facile accusare di razzismo alcuni comportamenti o rivendicazioni, se non si vive sul posto, 'gomito a gomito' con gli immigrati. Chi parla o scrive di razzismo spesso lo fa stando nei quartieri 'bene'. Non conosce la difficoltà di vivere, ogni giorno, accanto a persone con tradizioni, cultura, educazione molto diverse dalle nostre.

I negozi stranieri, ormai, sono più numerosi di quelli italiani. Per lo più squallidi e sporchi. Fonte di immondizia per strada e di odori sgradevoli nei palazzi. Quando, poi, non sono una copertura di attività illecite, come lo spaccio di droga e la prostituzione. Se vuoi un prodotto italiano, non lo trovi più nel negozio sotto casa.

Questi stranieri passano il loro tempo 'sulla strada'. Anzi, vivono lì. Formano crocchi di uomini, che bevono e fanno schiamazzi. Per non dire dei commenti volgari quando passa una ragazza. Ormai, è impossibile passeggiare per le strade del quartiere. E non solo per le donne.

Se dico questo, sono intollerante e razzista? E, allora, che pensare di una signora cinese, in Italia da dieci anni, che inveisce contro i rumeni che le hanno svaligiato casa, e sbotta: 'Ci sono troppi stranieri in Italia'? O di quella famiglia del Marocco, anch'essa da anni qui da noi, che si scaglia contro nuovi immigrati marocchini, infastidita dagli odori di cucina che salgono su per le scale del palazzo? Dimentica che, fino a qualche anno prima, lei faceva lo stesso. Sono razzisti anche questi stranieri che criticano i propri connazionali?

Il problema è che, troppo spesso, tali disagi sono strumentalizzati e acuiti da chi, per ragioni politiche, si nutre davvero di sentimenti razzisti. E, facendo leva sulla semplicità della gente, genera la paura dell'altro, trasformandolo in nemico da combattere. Ma sbaglia anche chi considera lo straniero immune da qualsiasi colpa. Perché allarga le maglie dei controlli e non fa rispettare le regole, soprattutto nelle attività commerciali. Genera, così, senso di ribellione e astio negli italiani, che si sentono trattati 'ingiustamente'.

Fotografare tutto ciò è razzismo? Un sacerdote mi ha aiutato a trovare la chiave di lettura: un conto è condannare un comportamento, diverso è giudicare una persona sulla base del colore della pelle, della cultura o della religione. Lo stesso vale per gli italiani. Bisogna vincere la tentazione di giudicare gli altri in base alla nazionalità. Nel bene e nel male. Questo, purtroppo, è il tarlo – direi quasi il cancro – della nostra politica. Lungi dell'essere la più nobile delle arti, non più praticata dagli uomini migliori, si sta trasformando nell'arte di seminare zizzania. Secondo la logica del '*divide et impera*'.

E, allora, ben vengano gli interventi della Chiesa, di 'Famiglia Cristiana' e del suo direttore (anche se, a volte, mal tollerati da tanti): almeno, indicano una 'linea di marcia'. Se solo se ne volesse cogliere l'opportunità».

Il diritto a vivere in famiglia

La Chiesa chiamata in causa dalla lettrice di «Famiglia Cristiana» risponde per bocca dell'arcivescovo di Milano, il cardinale Dionigi Tettamanzi, che, come sempre, ha parole di comprensione verso gli immigrati. Le attinge dal Vangelo e dalla dottrina sociale della Chiesa. Anche se non sono gradite dai seguaci del dio Po e delle liturgie celtiche. L'hanno apostrofato «imam» e «arcivescovo di Kabul».

Negli auguri natalizi agli immigrati e alle loro famiglie, il cardinale Tettamanzi scrive: «È sempre una grande gioia salutarvi, vedere *i vostri volti così... 'nuovi'!* Non so trovare un'altra espressione più adatta. Come non augurarvi allora un mondo di gioia, di felicità? Sì, lo so che nella vita incontriamo, spesso, momenti di fatica, difficoltà e sofferenza. Mi sento in profonda sintonia con il Santo Padre, Benedetto XVI, che nel suo messaggio per la Giornata mondiale per le migrazioni riprende dall'enciclica *Caritas in veritate* un'espressione semplicissima, eppure formidabile e folgorante. Dice: 'Il migrante è una persona umana con diritti fondamentali inalienabili, da rispettare sempre e da tutti'.

Come non sottoscrivere queste parole così sacrosante? Ma chi veramente le sottoscrive nella sua vita non solo con le labbra, ma con fatti concreti? Cerco di mettermi al vostro posto, quando sono costretto a rilevare certi comportamenti e situazioni della nostra società. Sento di essere immerso in un'atmosfera di preconcetti e sospetti, che rende difficili, pesanti, persino insopportabili le relazioni quotidiane tra le persone. Che cosa e come possiamo fare, fratelli migranti, per togliercì di dosso questo fardello così triste e logoro che ci viene messo sulle spalle?».

«Una via c'è!», continua il cardinale. «La conosciamo e la vogliamo seguire: dobbiamo comportarci bene, dobbiamo dare il meglio di noi stessi vivendo con impegno generoso e fedele la vita delle nostre famiglie. È questo, carissimi, uno dei fondamentali e inalienabili diritti del migrante: il diritto a vivere in famiglia! Il Natale, richiamandoci immediatamente alla famiglia, ci pone delle domande: 'Come mai ci sono ancora tanti ostacoli – e non solo burocratici – per i ricongiungimenti familiari? Non è uno dei primi diritti di una donna e di un uomo formare una famiglia e poter stare uniti ai propri figli?'».

E ancora: «Com'è possibile celebrare e vivere il Natale quando la famiglia è costretta nei suoi membri a essere 'sparsa' qua e là per il mondo? Come possono crescere bene i bambini in simili condizioni? Queste domande ci inquietano, ancora di più, quando pensiamo che i bambini e gli adolescenti migranti sono una grande speranza per il futuro».

Baby calciatori in panchina

Mentre, a Milano, il cardinale Tettamanzi parla di bambini immigrati come di «una grande speranza per il futuro», ad

Anguillara, in provincia di Roma, il piccolo Radwan non può giocare a calcio, che è la sua grande passione. Deve stare in panchina, non in campo, a osservare gli altri tirare calci al pallone. Perché? È minorenne, figlio di marocchini, incappato in una serie di pastoie burocratiche. Ma anche vittima di discriminazione. Storia, la sua, riportata all'attenzione della cronaca dal giornalista Vladimiro Polchi sulla «Repubblica» del 24 dicembre 2009.

Come Radwan, tanti altri bambini rischiano di non scendere più sui campi di calcio. Tutto perché per un intervento del Comitato regionale la Federazione Gioco Calcio non rinnova la tessera (o non li iscrive per la prima volta) ai minori, anche se nati in Italia, figli di extracomunitari, con il permesso di soggiorno in fase di rinnovo. O in attesa del permesso vero e proprio.

«Una vergognosa violazione dei diritti fondamentali dell'infanzia», ha denunciato un assessore comunale di Anguillara, che impedisce ai baby calciatori, figli di immigrati, di essere tesserati dalle società calcistiche. Una misura discriminatoria, che ostacola l'integrazione e priva questi minori di un'attività sportiva indispensabile per il loro sviluppo fisico e sociale.

Non bastano, come giustificazione, gli appelli a norme vigenti. Nonostante circolari del Viminale affermino che la stessa richiesta di rinnovo del permesso di soggiorno va considerata, a tutti gli effetti, un permesso vero e proprio. Anche perché, tra la richiesta e il rinnovo del permesso, spesso, passano diversi mesi. Quando va bene, nella più ottimistica delle ipotesi. La semplice ricevuta della richiesta è valida a tutti i fini amministrativi. Così recita una direttiva dell'8 agosto 2006, firmata dall'allora ministro dell'Interno Giuliano Amato: «Lo straniero potrà contare sulla piena legittimità del soggiorno e continuare a godere dei diritti a esso connessi».

Struggente nostalgia e memoria corta

Un'indimenticabile canzone del grande poeta e scrittore napoletano Libero Bovio (1883-1942) rievoca, in periodo natalizio, la struggente nostalgia dei nostri italiani all'estero, quando gli emigranti eravamo noi: «*Mia cara madre sta pe' trasì Natale, e a sta' luntano cchiù me sape amaro... come vurria sentì nu zampognaro!*».

Andrea Camilleri, scrittore siciliano di grande successo, autore delle storie di Montalbano, così commenta la canzone: «Il primo Stato italiano a entrare in possesso di un battello a vapore transatlantico fu il Regno di Napoli. La nave partiva da Palermo per New York zeppa d'emigrati. La partenza da Palermo fu decisa perché l'emigrazione, allora agli inizi, era più forte dalla Calabria e dalla Sicilia. Dopo l'Unità non ci fu Regione esente dal fenomeno migratorio. Per dire come la storia della nostra emigrazione proceda parallela alla formazione dell'Italia, ne diventi parte integrante. Ci fu anche una santa degli emigranti, suor Francesca Saverio Cabrini. All'indomani del Secondo conflitto mondiale, il flusso si intensificò soprattutto in direzione continentale. Delle braccia dei nostri emigranti, alcuni governi si servirono come merce di scambio: uomini contro carbone. Chi ricorda il disastro di Marcinelle, in Belgio, nel quale morirono duecentosessantadue minatori, di cui centotrentasei italiani? Chi ricorda le condizioni di vita dei nostri emigranti negli Usa? Memoria corta: dimentichiamo facilmente ciò che siamo stati. Consideriamo gli extracomunitari come un pericolo e facciamo leggi obbrobriose per respingerli. Se Giuseppe e Maria si fossero imbarcati con altra povera gente per venire in Italia, Gesù avrebbe avuto pochissime probabilità di nascere, e ai suoi genitori sarebbero state prese le impronte digitali» (*Un inverno italiano*, 2009).

Memoria corta denuncia anche Sandro Rinauro, ricercatore in Geografia politica all'Università di Milano, nel libro *Il cammino della speranza* (2009), parlando dell'immigrazione italiana in Belgio nell'immediato dopoguerra. «Una volta arrestati per l'accertamento dell'identità», scrive, «i clandestini italiani venivano imprigionati per giorni o settimane, radunati quindi nel famigerato Petit Chateau, la caserma-prigione di Bruxelles, dove erano letteralmente lasciati a pane e acqua, dopo di che per convogli erano espulsi dal Paese».

Allora erano trattenuti a Petit Chateau, oggi a Lampedusa, ma la sostanza non cambia. Cercavano e cercano un posto di lavoro e un futuro per le famiglie. Chi partiva per il Belgio lasciava un'Italia immersa nella povertà postbellica, che regolava l'emigrazione con i Paesi europei bisognosi di manodopera. Non sempre ci si riusciva. Per molti connazionali non restava che l'ingresso irregolare in quelle nazioni. In pochissimi anni, come documenta Rinauro, decine di migliaia di nostri connazionali sono emigrati clandestinamente. Hanno vissuto storie drammatiche. Molte donne sono morte coi loro bambini nella neve, mentre attraversavano i valichi alpini, verso la Francia. Se oggi ci sono gli scafisti del mare, allora c'erano gli «scafisti della montagna», ciniche guide alpine che, nel bel mezzo di tormente di neve, abbandonavano i disgraziati a metà percorso. Quando gli emigranti eravamo noi, non tanto tempo fa, il Comune di Guaglione, in Val di Susa, chiese aiuto alla prefettura di Torino, «non avendo più risorse per dare sepoltura ai clandestini che morivano nell'impresa disperata di valicare le Alpi». Ricorda Rinauro: «ogni notte passavano, illegalmente, più di cento emigranti. E molti ci lasciavano la pelle».

La società multietnica è già nelle cose

I punti di vista sono due. E assai distanti. Per alcuni l'immigrazione è una scelta. Si può decidere, cioè, se realizzare o no la società multietnica, operando con le leggi e gli atteggiamenti del potere politico. Per altri, invece, la società multietnica non si può scegliere. È già nelle cose. Accade. È una situazione configurata e irreversibile. Non la si può arrestare, né opporvisi. Va affrontata con atteggiamento positivo: è l'unico modo per governarla. Senza subirne i contraccolpi. Eppure, non è facile rivedere pregiudizi, dislocare risorse intellettuali e morali, aggiornare concetti e accettare che tutti possano dare e ricevere qualcosa. Il tema vero è quello delle identità. Che, comunque, sono una ricchezza. Come talenti da trafficare. Non da nascondere o sotterrare.

Se, però, le società si trasformano in fortezze, la difesa dell'identità è discriminante. Esclude gli altri, i diversi. Giovanni Paolo II, per la Giornata mondiale della pace del 2001, spiegava che «la conoscenza delle altre culture, compiuta con il dovuto senso critico e con solidi punti di riferimento etico, conduce a una maggiore consapevolezza dei valori e dei limiti insiti nella propria. E rivela, al tempo stesso, l'esistenza di un'eredità comune a tutto il genere umano». Non sono parole facili, in un mondo che va in altra direzione. Anche rispetto alle parole di un altro grande pontefice, Giovanni XXIII che, nella *Pacem in terris*, invocava «un ordine fondato sulla verità, costruito secondo giustizia, vivificato e integrato dalla carità e posto in atto dalla libertà».

Benedetto XVI, da parte sua, nel Messaggio per la Giornata mondiale del migrante e del rifugiato 2010, parla dell'emigrazione come di un fenomeno che «impressiona per il numero di persone coinvolte, per le problematiche sociali, economiche, politiche, culturali e religiose che solleva. E per le sfide drammatiche che pone alle comunità nazionali e a quella internazionale». E ribadisce: «Il migrante è una persona umana con diritti fondamentali inalienabili, da rispettare sempre e da tutti. Gesù stesso, da bambino, ha vissuto l'esperienza del migrante perché, come narra il Vangelo, per sfuggire alle minacce di Erode dovette rifugiarsi in Egitto insieme a Giuseppe e Maria».

Sempre papa Ratzinger, rivolgendosi ai partecipanti al VI Congresso mondiale della pastorale per i migranti e i rifugiati (Vaticano, 9-12 novembre 2009), traccia un quadro sintetico e illuminante: «Se il fenomeno migratorio è antico quanto la storia dell'umanità, esso non aveva mai assunto un rilievo così grande, per consistenza e complessità di problematiche, come al giorno d'oggi. Interessa, ormai, quasi tutti i Paesi del mondo e si inserisce nel vasto processo della globalizzazione. Donne, uomini, bambini, giovani e anziani a milioni affrontano i drammi dell'emigrazione talvolta per sopravvivere, più che per cercare di migliorare le condizioni di vita per sé e i loro familiari».

E continua: «Si va, infatti, allargando il divario economico tra i Paesi poveri e quelli industrializzati. La crisi economica mondiale, con l'enorme crescita della disoccupazione, riduce le possibilità di impiego e aumenta il numero di coloro che non riescono a trovare neppure un lavoro del tutto precario. Tanti, allora, si vedono costretti ad abbandonare le proprie terre e le loro comunità d'origine. Sono disposti ad accettare lavori in condizioni per nulla consone alla dignità umana, con un inserimento faticoso nelle società di accoglienza a causa della diversità di lingua, cultura e ordinamenti sociali».

Dalla parte giusta del Mediterraneo

Più facile vivere al nord del Mediterraneo. È la parte giusta. Quella dove i diritti sono acquisiti. E dove si vive meglio, con più tranquillità. Almeno, all'apparenza. Una condizione invidiabile, migliorabile senz'altro, che al massimo si può temere di perdere. Soprattutto perché, sull'altra sponda del Mediterraneo, la sopravvivenza diventa, sempre più, un miraggio. Guerre, dittature, carestie, sfruttamento costringono milioni di persone a lasciare le loro terre. Un flusso di disperati è alla ricerca di approdi più sicuri. Fuggono dall'Africa, continente delle guerre dimenticate. Che sono tante, anche se l'opinione pubblica le ignora. O fa di tutto per rimuoverle, come non esistessero. Così si tacita la «coscienza sporca» per gravi responsabilità dell'Occidente sia nello sfruttamento delle risorse che nelle guerre locali. Nel 2007 si sono registrati quasi un milione di profughi. Solo nel maggio del 2009 altri quarantamila profughi, dalla Somalia, sono andati a ingrossare le colonne di quanti vagano per l'Africa. Esodo dei giorni nostri, senza meta e sbocchi. Tragico, soprattutto, quando sono intercettati dai trafficanti di esseri umani. Quelli che gestiscono la «tratta» verso l'Europa. Chi ha soldi per pagare è messo sulle carrette del mare per la traversata. Per gli altri, il lavoro forzato. O la prostituzione.

Una volta, era d'attualità lo slogan: «Educare alla mondialità». Oggi assistiamo agli effetti disastrosi di una società fondata sull'egoismo. L'educazione alla mondialità è passata di moda, finita nel cassetto. Semmai, è questione che riguarda pochi missionari, laici e religiosi. Considerati, per lo più, dei visionari, se non addirittura pazzi. Eppure, le migrazioni attraversano la storia. E il viaggio è condizione di vita che caratterizza i secoli. Chi non teme le culture diverse scopre in esse una risorsa. O, comunque, un'opportunità.

Cosa sarebbe l'Occidente se gli arabi non si fossero mossi dalle loro città? E la nostra cultura senza Averroè e i suoi commenti alle opere di Aristotele? Per molti studiosi la cultura arabo-islamica è la prima che sia riuscita a produrre una concezione umanista e universalista. Grazie al suo ruolo di mediazione e collegamento tra realtà diverse.

Lo stesso si può dire della cultura ebraica che, fuggendo da persecuzioni, ha «contaminato» le vie d'Europa. Anche Abramo era un emigrante. Chi abitava una terra ostile o povera d'acqua era costretto a migrare. Così, nel mondo, si sono creati luoghi di incontro. Qualche volta di scontro. In ogni caso, luoghi di scambio, crocevia di saperi e di culture. In Asia, Africa, Europa. Piattaforme girevoli che, sul lungo periodo, hanno prodotto più benefici che problemi. La Mecca era anche crocevia di carovane, centro commerciale. Come i porti del Mediterraneo, che davano impulso alle grandi civiltà della storia.

Le ondate migratorie hanno sempre suscitato timori e chiusure. I Paesi tendono a trincerarsi dentro le mura, a difesa del proprio benessere. L'esperienza, però, dimostra che, se ben gestito, l'arrivo dei migranti non è un pericolo. Anzi, arricchisce gli scambi sociali ed economici, nonché culturali. Le grandi città del passato, da Bassora a Baghdad, dal Cairo a Granada, da Gerusalemme a Damasco, ancora oggi mantengono antiche vestigia d'un passato di grandi opportunità. L'Europa ne ha fatto tesoro. Giovanni Paolo II che, nella sua vita, ha incarnato la concezione positiva della migrazione, diceva: «L'esperienza mostra che, quando una nazione ha il coraggio di aprirsi alle migrazioni, viene premiata da un accresciuto benessere, da un solido rinnovamento sociale e da una vigorosa spinta verso inediti traguardi economici e umani».

«La globalizzazione», secondo monsignor Antonio Maria Vegliò, presidente del Pontificio consiglio per i migranti, «ha permesso il raggiungimento di mete straordinarie in ogni campo. Sono avvenuti miglioramenti nella cultura, nella sanità e nel tenore di vita. Sono stati debellati flagelli che, insieme alla guerra, costituivano l'incubo delle generazioni precedenti. La durata media della vita si è elevata in misura inimmaginabile nel passato. Sono stati resi facili e sicuri i viaggi e i trasporti. Le comunicazioni si sono infittite e sono stati incrementati i rapporti commerciali. Il mondo è diventato un 'villaggio planetario'».

Egli però ha aggiunto: «Se c'è molto all'attivo, c'è anche molto di incompiuto. La globalizzazione ha creato un nuovo mercato del lavoro e, di conseguenza, ha spinto molti a emigrare, anche per sfuggire da povertà, miseria, catastrofi naturali e conflitti locali e internazionali. Ma non ha abbattuto le mura dei confini nazionali per una libera circolazione delle persone, pur nel rispetto della sovranità degli Stati e delle loro carte costituzionali, con salvaguardia della legalità e della sicurezza» (VI Congresso mondiale della pastorale per i migranti e i rifugiati).

Paolo VI aveva definito la globalizzazione come l'«esplosione dell'interdipendenza planetaria». Se malintesa, cioè senza fraternità tra gli uomini e i popoli, «ci rende vicini, ma non fratelli» (*Populorum Progressio*, ripresa da Benedetto XVI nell'enciclica *Cartas in veritate*). Occorre, invece, grande fiducia nel mondo e negli uomini. Senza chiudersi alla diversità e al pluralismo. O creare per gli immigrati una zona grigia di compensazione delle nostre paure. La sedentarietà non è la condizione dell'uomo. Non c'è nulla che la fissi per via genetica. Anzi, è vero il contrario. Come per i talenti, fatti per essere trafficati. Diceva don Andrea Santoro, il sacerdote italiano assassinato in Turchia: «Come cristiani, dobbiamo sempre piantare e smontare la tenda per metterci in cammino». Una metafora che vale per tutti. Anche per i non credenti.

Una «scomodità» che fa crescere

Dovrebbe essere una buona lettura per tutti. Gli insegnanti potrebbero adottarlo come libro scolastico. Serve per capire chi sono gli immigrati. E anche per sfatare tanti luoghi comuni, che favoriscono razzismo e intolleranza. I numeri e le analisi sono contenuti nel *Dossier statistico. XIX Rapporto sull'immigrazione* (2009) della Caritas italiana e della Fondazione Migrantes. Titolo: *Immigrazione: conoscenza e solidarietà*. Motto che si ispira all'enciclica di Benedetto XVI *Caritas in veritate*. Conoscere è essenziale per poter agire adeguatamente. Non sull'onda delle emozioni o delle paure. Il confronto con la realtà, abbandonando pregiudizi e scontri ideologici, aiuta a riflettere più serenamente. A partire da dati reali, numeri e statistiche. Si capisce, così, quanto sia controproducente «alzare i muri» per bloccare l'ondata migratoria. E quanta povertà culturale c'è nell'affrontare un fenomeno sociale, che fa già parte della società italiana d'oggi. In modo strutturale. E non episodico e passeggero. Ha caratteri di stabilità molto marcati.

Il futuro dell'Italia sarà caratterizzato dall'immigrazione. Il *Dossier* di Caritas-Migrantes lo dimostra, snocciolando cifre e dati, confrontati con i Paesi europei alle prese con lo stesso fenomeno. Ma lo fa, soprattutto, soffermandosi su quegli aspetti che rivelano «stabilità». Dal ricongiungimento familiare all'aumento dei figli di immigrati; dalla rilevante presenza straniera nelle scuole alla consistente crescita delle seconde generazioni, quelle nate in Italia; dall'acquisto di case al desiderio d'una maggiore partecipazione a livello culturale e sociale.

«Gli immigrati, per noi, sono sì una scomodità», ha detto don Vittorio Nozza presentando il *Dossier*, «ma è una scomodità che fa crescere. Non c'è bisogno di organizzare alcuni contro qualcuno, ma di organizzarci in tanti a favore di tutti. A favore di una convivenza corresponsabile, partecipata, costruttiva, giusta, fraterna e solidale».

Disinformazione e scarsa consapevolezza sono fattori che, facilmente, fanno crescere il razzismo. L'ha detto l'Agenzia dell'Unione europea per i diritti fondamentali nel suo ultimo rapporto. Non si tratta di tacere gli aspetti problematici che l'immigrazione comporta. Ma chiudersi e concentrarsi solo sugli aspetti negativi non sarà una politica vincente. Un'accoglienza dal volto umano deve riconoscere, con gratitudine, che queste persone hanno lasciato il loro Paese e le loro famiglie per cercare un futuro come collaboratori nelle nostre abitazioni, come lavoratori nelle campagne, nelle fabbriche, nell'edilizia. E per impegnarsi in tante altre occupazioni, per le quali noi italiani non bastiamo più. O a cui non vogliamo più dedicarci.

Non più un Paese di emigrati

In un recente passato, l'Italia era Paese di emigrati all'estero. Nel volgere di pochi anni, siamo diventati terra di immigrazione. Ormai, le due popolazioni si equivalgono: quattro milioni i cittadini italiani all'estero e circa quattro milioni e mezzo i cittadini stranieri in Italia. Nel 1970 c'era un cittadino straniero ogni quattrocento residenti; nel 1990 uno ogni cento; oggi è d'origine straniera un abitante su quattordici. Le previsioni Istat dicono che nel 2050 sarà straniero un abitante su sei.

Una fortissima progressione, che non può non colpire. I flussi in entrata sono diventati più consistenti di quelli in uscita. Al momento, non c'è Paese al mondo, eccetto forse la Spagna, che abbia un ritmo di crescita così elevato di immigrati.

Fa osservare Franco Pittau, della redazione del *Dossier* Caritas-Migrantes, nella sua presentazione: «è fuorviante continuare a inquadrare il fenomeno immigrazione nell'ottica degli sbarchi irregolari, prendendo una parte per il tutto e dipingendo negativamente la situazione. Gli sbarchi, che ci ostiniamo a utilizzare come un bollino nero da apporre sul fenomeno migratorio, coinvolgono un numero di persone pari nemmeno all'1 per cento delle presenze regolari, senza contare poi che oltre la metà delle persone sbarcate sono richiedenti asilo, quindi, persone meritevoli di protezione, secondo le convenzioni internazionali e la Costituzione italiana».

Una gigantografia in negativo

Il *Dossier* Caritas-Migrantes 2009, sulla base di dati concreti, smentisce tanti luoghi comuni. È un'attenta opera di informazione sugli immigrati. Anzi, meglio sarebbe dire «opera di controinformazione», perché l'immagine che i media italiani, stampa e Tv in particolare, danno degli immigrati è una gigantografia in negativo, tutta focalizzata su emergenza, sicurezza e stereotipi vari, di una visione soltanto problematica. «Il ritratto delle persone straniere immortalate dai media», secondo la *Ricerca nazionale su immigrazione e asilo nei media italiani* (2009), curato dalla facoltà di Scienze della comunicazione della Sapienza di Roma, «è lo stesso delle rilevazioni degli ultimi vent'anni. È, spesso, un criminale, è maschio (nell'80 per cento dei casi), e la sua personalità è schiacciata sul solo dettaglio della nazionalità e della provenienza etnica. Da anni, per raccontare il fenomeno immigrazione, si usano poche parole. E sempre le stesse. Così come, parlando di un immigrato non in regola, si usa con più frequenza il termine ‘clandestino’, piuttosto che ‘irregolare’. Non è indifferente l’impatto sugli ascoltatori o telespettatori, in positivo o negativo, quando si usa l’una o l’altra espressione».

«Quando i protagonisti sono migranti», rivela l’indagine, «si assiste alla diffusione di informazioni e immagini lesive della dignità delle persone coinvolte. Poca attenzione, invece, c’è alle storie di integrazione. Rom e romeni sono i più citati nei titoli dei telegiornali. Su tutto, poi, domina l’etichetta della ‘clandestinità’. Che, prima di ogni altro termine, definisce l’immigrazione in quanto tale».

«Le notizie di cronaca nera o giudiziaria», continua la ricerca, «con protagonista una persona straniera (come autore o vittima di un reato) sono sempre la maggioranza, raggiungendo quasi il 60 per cento nei telegiornali (pubblici e privati) e il 53 per cento nei quotidiani. Un livello mai rilevato in passato. Nello specifico, gli stranieri sono protagonisti di fatti criminali molto più facilmente degli italiani (60 per cento contro il 36 nei telegiornali; 43 per cento contro il 36 sulla stampa). Le persone straniere compaiono più frequentemente di quelle italiane quando sono responsabili o vittime di fatti brutali come la violenza sessuale (24 per cento contro il 7), le lesioni personali (24 per cento contro l’11) o il sequestro (17 per cento contro il 4)».

Su un campione di 6.580 servizi televisivi presi in esame, solo ventisei hanno parlato di immigrazione senza collegarla alla sicurezza. Un po’ meglio fanno i quotidiani. Quanto ai dibattiti televisivi su immigrati e asilo politico, c’è una massiccia sproporzione tra gli esponenti politici e gli stranieri invitati in studio. Ne consegue una «chiacchiera» tutta ideologica, né si affrontano i problemi degli immigrati. Tanto meno il reale contenuto dei provvedimenti che li riguardano.

Alla presentazione della ricerca alla Camera dei deputati, il presidente Gianfranco Fini, rivolto ai giornalisti, ha sottolineato che una «formazione corretta è la migliore premessa per avere un’informazione altrettanto corretta e puntuale» sull’immigrazione.

Interpellata da Articolo 21 sullo stesso tema, Laura Boldrini, rappresentante in Italia dell'Unhcr, l'Alto commissariato delle Nazioni Unite per i rifugiati, ha osservato: «Lo studio dimostra, in modo scientifico, come i media italiani stiano riproducendo, da anni, lo stesso stereotipo sull'immigrazione. Senza riflettere che essa è un fenomeno in costante e rapida evoluzione. Ma i media italiani non hanno aggiornato il loro modo di parlarne. Né in termini di linguaggio, che è sempre povero, riduttivo, sminuente, tanto meno nei contenuti. Si parla di immigrazione quasi sempre in relazione a fatti di cronaca nera, giudiziaria e di sbarchi». Per rimediare, ha aggiunto la Boldrini, «ci stiamo impegnando per dare ai giornalisti strumenti per riconsiderare la loro ottica nel leggere il fenomeno immigrazione». Il riferimento è alla «Carta di Roma», un richiamo alla deontologia dei giornalisti sul linguaggio corretto da usare quando scrivono sugli immigrati.

La controprova è semplice. Basta prendere, anche a caso, alcuni titoli di giornali. È facile capire perché la gente è convinta che gli stranieri minacciano la nostra sicurezza. L'informazione è basata su luoghi comuni e punta sulle emozioni. Non sulla realtà. Passa facilmente l'idea che un immigrato senza lavoro non può che essere un delinquente. Come potrebbe campare altrimenti? Non è solo una questione di titoli, influisce anche l'enfasi nel sottolineare di che nazionalità è chi compie un crimine. Perché non si fa altrettanto quando è coinvolto un italiano? Così, si alimenta un clima di sospetto e diffidenza.

Basta scorrere qualche titolo: «Sequestrata e stuprata a Castel Volturno da parte di romeni»; «Tentato stupro a una quattordicenne a Milano da parte di minori nomadi»; «Borseggiatore romeno minorenne fermato sedici volte in sei mesi a Milano»; «Stupro di una giovane studentessa a Milano da parte di cinque romeni»; «Rimasta incinta ad Ancona dopo lo stupro da parte di tre extracomunitari nordafricani»; «Coniugi uccisi a Treviso per un bottino di 20 euro, arrestati due albanesi e un romeno»; «Sgominata a Bergamo una banda di nordafricani che spacciava droga»; «A Pinerolo una coppia di senzatetto trentenni aggredita da tre romeni». Esempi che potrebbero continuare per pagine intere.

Ma c'è l'altra faccia della medaglia, quando gli immigrati sono vittime di italiani. L'eco della stampa e delle Tv è ridotta. Si mette la mordacchia all'enfasi, si tenta di sminuire. Eppure, i delitti non sono meno gravi. Anzi, spesso c'è più brutalità ed efferatezza. Che importa? In fondo si tratta di un «nero», uno straniero. La sua vita vale zero. Senz'altro, è meno importante dell'esistenza di un nostro connazionale.

Due esempi, tra i tanti. Anni fa, un imprenditore edile, per evitare di denunciare un infortunio molto serio occorso a un suo dipendente romeno, l'abbandonò, privo di sensi, in una discarica, perché finisse lì la sua agonia. Nel 2008, un giovane romeno venne assassinato dai datori di lavoro italiani, per i quali lavorava come autotrasportatore, per intascare il premio dell'assicurazione sulla vita.

Certo, l'immigrazione non è immune da fatti di devianza e delinquenza. Ma anche i nostri emigrati italiani all'estero erano considerati criminali. Mafia è la parola italiana più usata in ogni lingua. Questo fenomeno è stato ben raccontato da Gian Antonio Stella nel libro *L'orda. Quando gli albanesi eravamo noi* (2003). La storia e la memoria del passato di emigranti dovrebbero indurre, oggi, a moderare i toni contro gli stranieri. E a superare le diffidenze.

Tra costi e benefici il saldo è attivo

C'è la generale convinzione tra i cittadini, anche tra i credenti, che l'immigrazione abbia contribuito a peggiorare le cose in Italia. A ogni livello. Monsignor Bruno Schettino, presidente della commissione episcopale della Fondazione Migrantes, nella sua presentazione del *Dossier* Caritas-Migrantes 2009 ha elencato gli addebiti negativi a carico degli stranieri: «Non condividono i valori del nostro passato storico, culturale e religioso. Non mostrano interesse a integrarsi. Con la loro delinquenza e i loro comportamenti rendono le nostre città più insicure. Pretendono nuovi diritti, senza volersi far carico dei doveri».

«Ma le cose non stanno così», afferma monsignor Schettino. «La presenza degli immigrati è funzionale allo sviluppo del Paese. È un puntello al nostro malandato andamento demografico e alle carenze del mercato del lavoro». I benefici prevalgono, di gran lunga, sugli inconvenienti. Negli ultimi decenni, l'Italia è scesa al livello più basso al mondo per tasso di natalità. Impatto negativo, compensato, solo in parte, dalla popolazione immigrata. Che è più giovane e fa più figli. Lo stesso vale per la «forza lavoro» straniera, di cui l'Italia ha vitale bisogno.

Gli immigrati, attualmente, sono quattro milioni e mezzo. Secondo le proiezioni Istat, saranno sei milioni nel 2017 (pari al 10 per cento della popolazione residente), e dodici milioni e mezzo nel 2050 (pari al 18 per cento dei residenti). Numeri rilevanti, che pongono e porranno problemi. Soprattutto in assenza di politiche di integrazione. È provato invece che, se si governa il flusso migratorio, tra costi e benefici, i vantaggi sono innegabili per l'Italia. Se, dalla sera al mattino, venissero a mancare gli stranieri in Italia, il Paese sarebbe in ginocchio. Collasso totale. In tutti i settori.

Non si tratta di buonismo, ma di realismo. «Il mondo globalizzato», dice monsignor Schettino, «avvicina tutte le aree del mondo. Le migrazioni sono quei vasi comunicanti che permettono uno scambio fruttuoso. A nostro beneficio sotto l'aspetto demografico. A vantaggio dei Paesi d'origine per quanto riguarda le speranze di sviluppo. Rispetto ai grandi temi irrisolti della politica internazionale (sviluppo, povertà, equa distribuzione delle risorse), gli immigrati sono un fattore equilibratore. Una delle non molte ragioni di speranza».

L'immigrazione va considerata nel contesto globale di un mondo che è ingiusto. Non contano solo le nostre ragioni. Sono duecento milioni i migranti nel mondo. L'Unhcr ricorda che, a fine 2008, sono stati costretti alla fuga quarantadue milioni di persone, a causa di guerre e persecuzioni. Tra questi sedici milioni sono rifugiati e richiedenti asilo. Senza più prospettiva di ritorno in Paesi come Afghanistan, Sudan, Somalia, Eritrea.

La Fao (Food and Agriculture Organization), l'organizzazione dell'Onu per combattere la fame nel mondo, segnala che, nel 2009, le vittime della fame sono cresciute dell'11 per cento (35ª sessione della Conferenza Fao, 16 novembre 2009). Un miliardo di persone patiscono la fame. Quasi tutte concentrate nelle nazioni più povere. Nei Paesi in via di sviluppo vive l'85 per cento dei sei miliardi e ottocento milioni di abitanti della terra, e si concentra solo il 46 per cento della ricchezza mondiale. Un vero ostacolo a uno sviluppo normale, che influisce sui flussi migratori. Mentre nei Paesi a sviluppo avanzato si hanno a disposizione, in media e a testa, cento dollari al giorno, nel resto del mondo centinaia di milioni di persone vivono con meno di un dollaro.

Italiani ancora «brava gente»?

Ha ricordato monsignor Angelo Bagnasco, all'Assemblea della Cei del giugno 2009, che per governare l'immigrazione non basta concentrarsi sulle sole esigenze di ordine pubblico. E monsignor Mariano Crociata, segretario generale dei vescovi, nella stessa occasione ha invitato tutti a evitare letture ideologiche e a coniugare legalità e accoglienza. «La vera sicurezza», ha detto, «nasce dall'integrazione. Va sempre tutelata la dignità della persona». Per questo, ogni decisione politica trova un limite nel rispetto dei diritti fondamentali della persona. Che sono inalienabili.

Ma integrare non vuol dire assimilare, come qualcuno pensa. O vorrebbe. «L'assimilazione», ha detto monsignor Agostino Marchetto intervenendo al VI Congresso mondiale della pastorale per i migranti e i rifugiati, «è un impoverimento anche della società che accoglie, perché il contributo culturale e umano dell'immigrato alla società che lo ospita è, in tal modo, minimizzato. Se non annullato. L'integrazione non è una strada a senso unico. Né i migranti possono diventare una copia della società che li accoglie».

L'eccessiva enfasi sulla sicurezza e la criminalità non trova riscontro nei dati del *Dossier* Caritas-Migrantes 2009, che ridimensionano l'allarme. E portano a modificare due *cliché* ricorrenti. Primo, quello dell'equazione immigrato uguale delinquente. Poi, quello degli «italiani brava gente». Che, forse, non è più vero, dopo i ricorrenti atti di intolleranza e xenofobia. Le paure della gente vanno riconosciute, non sottovalutate. Ma bando alle strumentalizzazioni. E, soprattutto, agli stereotipi, e alle generalizzazioni.

Al «pacchetto sicurezza» (legge 94/2009) va anteposto il «pacchetto integrazione». Ma i politici faticano a considerare gli immigrati come «nuovi cittadini», pienamente integrati e attivi nella società che li ha accolti. Sulle vie del futuro, divieti e provvedimenti punitivi servono a poco. Più proficuo, e anche più realistico, condividere obiettivi comuni. Assieme agli immigrati.

Chi dà i numeri alla gente?

Nonostante la grave crisi economica che, dal 2008, colpisce il mondo, con perdita di tantissimi posti di lavoro, l'immigrazione non ha arrestato la sua crescita. L'aumento annuo in Italia è di duecentocinquantamila unità. Mentre la popolazione totale nel 2007-2008 è aumentata dello 0,7 per cento, gli immigrati sono cresciuti del 13,4. Nel 2005 gli stranieri residenti in Italia erano 2.670.514. Nel 2008 erano già 3.891.295, con un aumento nel triennio del 45,7 per cento (in Europa, negli stessi anni, gli stranieri sono cresciuti del 14,4 per cento).

Pur in tempi di crisi, nel settembre del 2009 l'Italia ha regolarizzato quasi trecentomila persone nel solo settore della collaborazione familiare. Il Paese con i suoi quattro milioni e mezzo di stranieri si colloca sulla scia della Spagna (oltre cinque milioni), e si avvicina alla Germania (circa sette milioni). Il 2008 è stato il primo anno, come riporta il *Dossier* Caritas-Migrantes 2009, in cui l'Italia, per incidenza degli stranieri sul totale della popolazione, s'è collocata al di sopra della media europea. Ha superato la Gran Bretagna (6,3 per cento), ma è ancora lontana dalla Germania e dalla Spagna (con incidenza rispettivamente dell'8,2 per cento e dell'11,7 per cento).

Quanto alla loro origine, gli stranieri dei Paesi comunitari sono prevalenti, più della metà (53,6 per cento). Seguono gli africani (22,4 per cento), gli asiatici (15,8 per cento) e gli americani (8,1 per cento). Le prime cinque collettività superano la metà dell'intera presenza degli stranieri in Italia: ottocentomila sono i romeni, quattrocentoquarantamila gli albanesi, quattrocentomila i marocchini, centosettantamila i cinesi e centocinquantamila gli ucraini.

Per numero di residenti stranieri in Italia, a livello territoriale, il Centro (25,1 per cento) e il Meridione (12,8 per cento) sono molto distanziati dal Nord (62,1 per cento). Così come il Lazio (11,6 per cento) lo è dalla Lombardia (23,3 per cento), preceduto, seppure di poco, dal Veneto (11,7 per cento). In Lombardia vive quasi un quarto degli immigrati.

Nonostante il contrasto dei flussi irregolari abbia monopolizzato l'attenzione dell'opinione pubblica e le decisioni politiche, nel 2008 le persone sbarcate sulle coste italiane sono state 36.951, 17.880 i rimpatri forzati, 10.539 gli stranieri transitati nei Centri di identificazione ed espulsione (Cie) e 6.358 quelli respinti alle frontiere. Il rapporto tra allontanati e intercettati è di trentaquattro ogni cento, il più basso dal 2004. C'è, però, tanta confusione tra immigrati «clandestini», irregolari, richiedenti asilo e persone aventi diritto alla protezione umanitaria. Gli sbarchi, anche in un anno di forte aumento come il 2008, sono stati una parte ridotta del fenomeno migratorio. Sia rispetto ai nuovi flussi (10 per cento) che alla popolazione insediata (1 per cento).

Bridget è una giovane clandestina, 26 anni, proveniente dal Togo, arrivata sulle nostre coste incinta all'ultimo mese. La sua storia è raccontata su «Famiglia Cristiana» (n. 38/2006) da Francesco Anfossi, che l'ha incontrata in una saletta della casa d'accoglienza «Giacomo Cusumano», a Sciacca, assistita con amorevoli cure dalle suore dell'istituto. Bridget è nata a Wingo, piccolo villaggio del Togo, dove viveva col marito Aziz in povertà. Cioè, in una miseria nera. Quando il loro primogenito s'è ammalato di malaria, non avevano nemmeno i soldi per le medicine. O per portarlo in ospedale. È morto a soli sei mesi, come tanti bambini africani uccisi da quell'olocausto silenzioso che si consuma nel Sud del mondo. E che potrebbero essere salvati «a basso costo», con pochi soldi. Quando Bridget resta di nuovo incinta, per il suo bimbo in grembo cerca un futuro migliore. «Nel nostro villaggio», racconta, «si presentò un uomo di origine libica. Diceva che, in cambio di una somma di denaro, i nostri problemi sarebbero stati risolti: avremmo potuto imbarcarci per l'Italia, trovare lavoro e dare un futuro a nostro figlio».

Come capita in situazioni simili, i fratelli di Bridget consegnano i risparmi alla sorella e a suo marito Aziz per il viaggio della speranza. Viaggiano dal Togo al Ghana in camion. Poi, stipati con altri migranti, su una jeep alla volta della Libia, passando per il Burkina e il Niger. Tra una peripezia e l'altra. Costretti a proseguire a piedi, dopo un guasto irreparabile al motore. «Abbiamo marciato nel deserto per giorni e giorni, senza cibo e con pochissima acqua», racconta Bridget. «Un viaggio infernale. Molti non ce la fanno, si accasciano nella sabbia. I morti vengono abbandonati ai lati della strada, senza nemmeno essere seppelliti. Un ragazzo di 17 anni, che era con noi, ha visto morire così la madre. Partiti in trenta, alla fine della traversata siamo arrivati in diciassette. Gli altri sono morti tutti di stenti».

A Tripoli, Bridget e Aziz rimangono un mese in una delle

«case per africani», palazzoni disabitati che i trafficanti di uomini usano per nascondere i clandestini fino al giorno dell'imbarco. E quando arriva, anche per loro, quel momento, i «mercanti d'esseri umani» chiedono ancora altro denaro, che loro non hanno. Solo perché «gli facevo pena», decidono di imbarcare Bridget, lasciando il marito sul molo, perché senza un soldo. «Decisi di imbarcarmi lo stesso, anche se mio marito rimaneva in Libia», continua Bridget. La traversata dura tre giorni. Un giovane finge d'essere suo marito per evitare che qualche clandestino la molesti o la getti in mare per farsi più spazio sulla «carretta del mare». In balìa delle onde, fino a quando non è avvistata da una vedetta italiana. Bridget, che è cristiana e ha pregato Dio per tutto il tragitto, ottiene il permesso di soggiorno di sei mesi per maternità. Intanto, Aziz è rimasto in Libia, in attesa d'imbarcarsi, da clandestino, sulla stessa rotta e ricongiungersi con la moglie.

Due volte all'inferno: l'odissea dei clandestini

«Il peschereccio sobbalzava fra le onde e, a ogni impennata della prua, si alzavano grida, preghiere e imprecazioni. I bambini piangevano da ore, terrorizzati». Poi la tempesta in mare si placa. E quel guscio di noce resta a galla. Ma a bordo c'è chi ha bisogno di cure. Cibo e acqua sono finiti. Erano stipati in centocinquanta su una carretta del mare. «Nessuno si alzava più. Aspettavamo la fine. Peter non piangeva più e stava raggomitolato in grembo ad Alganesh, che con le ultime energie lo accarezzava, triste, rassegnato. Su quella barca erano saliti perché Peter avesse un futuro, e invece... Mi si strinse il cuore per lei e piansi».

È la testimonianza agghiacciante di Feven Abreha Tekle, una giovane eritrea fuggita dal suo Paese per non finire al fronte, giunta sulle coste libiche dopo aver attraversato le montagne etiopi e il deserto sudanese. Un viaggio tra la vita e la morte, che ha fatto conoscere nel libro *Libera* (2005) scritto con il giornalista Raffaele Masto. «Vorrei che tutto questo non accadesse più a nessuno», ha detto.

Ora non sa più quando potrà rivedere la sua famiglia, rimasta in Eritrea. Ma lei non poteva restare sotto un regime che opprime la sua gente. Come qualsiasi ragazza eritrea quando viene inghiottita a tempo indeterminato in una caserma, a subire molestie e, talora, violenze sessuali, o punizioni durissime, perché non accetta di «concedere i favori» a qualche graduato. Se scampano al rischio della fucilazione, perché fuggono clandestinamente, molti giovani eritrei affrontano un secondo inferno sulle carrette del mare per il viaggio della speranza verso l'Europa.

Altra storia. Amin aveva 25 anni quando decise di lasciare il suo villaggio in una località del sud della Tunisia. «La mia famiglia stava bene», racconta, «abbiamo potuto studiare e non ci mancava nulla. Un giorno ho detto a mio padre che i confini del villaggio erano troppo stretti per la mia curiosità. Avevo voglia di respirare l'aria del mondo, istruirmi in qualche grande università straniera, parlare con i miei coetanei di razze e religioni diverse. L'Italia mi sembrava un buon posto per cominciare una vita nuova. Per noi è la porta dell'Europa. Solo che raggiungerla per le vie legali oggi è un sogno».

Molti, prima di lui, ci avevano provato. Dai loro racconti aveva capito che gli imbarchi clandestini per la Sicilia erano troppo pericolosi. Prende la via della Grecia, imbarcandosi clandestino su una nave. «I controlli ad Atene sono rigidi», racconta Amin, «ma riesco a nascondermi sotto la pancia di un autotreno, stipato nello spazio tra le ruote di scorta e il cassonetto. Non era comodo, anche se ero molto magro. L'unico problema serio era il fumo di scarico del camion. Però, avevo calcolato che, tranne l'ingresso sulla nave e il momento dello sbarco, il fumo da respirare non sarebbe stato molto. Dopo ventiquattr'ore di viaggio, imparo che il Nord non fa per noi. Alla dogana di Venezia le guardie dispongono di un apparecchio a raggi infrarossi che individua tutto, anche me».

Rispedito indietro, Amin comincia tutto daccapo. Questa

volta sceglie una destinazione più a sud di Venezia. Parte su un autotreno diretto ad Ancona. «Mi infilo nella cuccia solita, perché ho fatto molta attenzione a non ingrassare. Anzi. Finalmente, sbarco ad Ancona. Mentre mi sveglio nella mia cuccetta di gomma, sento i cani latrare e mi rendo conto che anche Ancona non è ancora abbastanza a sud per me».

Pronto al terzo tentativo. La scelta, questa volta, cade sul capoluogo pugliese. «Sbarco a Bari di domenica, guardie poche e distratte. E se non sono distratte, hanno occhi più dolci». Così Amin è riuscito a raggiungere Roma e trovare sistemazione nella parrocchia della Natività, dove don Pietro Sigurani assiste tanti immigrati.

Questa una delle storie dell'«Odissea dei clandestini», raccontata da Guglielmo Nardocci, sulle pagine di «Famiglia Cristiana» (n. 26/2008). Amin lavora un anno e mezzo, da clandestino, con don Pietro. Riceve un'istruzione professionale e, dopo l'apertura dei flussi migratori, è convinto a tornare in Tunisia per fare regolare domanda di ingresso in Italia. Don Pietro Sigurani e i suoi parrocchiani hanno costituito in Tunisia numerosi centri di qualificazione professionale. Ne parleremo più avanti.

Un musulmano a tavola col Papa

Qorbanail Esmaeili, afghano, assieme al rom Boban Trajkovic, era uno dei due «angeli custodi» che hanno pranzato accanto a Benedetto XVI, a Natale 2009, nella mensa dei poveri che la Comunità di Sant'Egidio ha aperto a Trastevere da più di vent'anni. Ogni giorno, in quella mensa, si servono mille e duecento pasti. La storia di Qorbanail comincia in un paesino del Sud dell'Afghanistan, in mano ai talebani. A 23 anni, nel 1998, costretto a fuggire, lascia il Paese usando ogni mezzo: a piedi, a cavallo, sui camion. Un lungo e interminabile viaggio tra Pakistan, Iran, Turchia e Grecia. A Patrasso riesce a salire su un camion, imbarcato per Ancona. Da lì giunge a Roma e si mette in contatto con la Comunità di Sant'Egidio, che l'assiste e lo aiuta. Ora Qorbanail ha un lavoro, grazie a un progetto del ministero della Gioventù, e si occupa degli scolari stranieri nelle scuole medie. Lui, musulmano, dopo tante vicissitudini (è stato anche in carcere) si è intrattenuto col Papa. È diventato un simbolo dell'amicizia tra le diverse comunità religiose in Italia. E nel mondo. La Comunità di Sant'Egidio, nelle iniziative a favore dei poveri, coinvolge diverse città italiane (oltre Roma, Genova, Messina, Bari, Milano, Firenze, Torino, Savona, Novara, Padova, Napoli, Catania, Cosenza, Palermo, Trieste e Reggio Calabria). Mentre nel mondo sono cinquecento le città interessate, in più di cinquanta Paesi, fra Europa, Africa, Asia e Americhe. Alla base di tutto, la convinzione che il mondo è un'unica famiglia. E che la «famiglia è larga come il mondo». Senza distinzioni di appartenenza e credo religioso.

Moderne stragi degli innocenti

Quanti sono i «morti della speranza»? Quanti coloro che hanno perso la vita sulle piste infuocate del deserto del Sahara, affogati nel Mediterraneo, asfissiati o massacrati sotto i camion che varcano il confine orientale di un'Europa che assomiglia sempre più a una fortezza? Nella basilica di Santa Maria in Trastevere, sacerdoti cattolici, pope ortodossi e pastori evangelici hanno pregato per le vittime dei viaggi verso l'Europa. Cerimonia ecumenica per uomini, donne e bambini in fuga dalla fame, dalla guerra, dalle persecuzioni, dalla povertà, dalle calamità naturali. La preghiera, presieduta dal cardinale Raffaele Martino, già presidente del Pontificio consiglio della giustizia e della pace.

Non era mai accaduto che una preghiera particolare si levasse per chi è morto di speranza. Sotto le volte scintillanti della basilica, in un silenzio struggente, sono stati letti i nomi di alcune delle vittime. Sono stati ricordati volti e storie. Dal

1990 ad oggi, secondo dati elaborati dalla Comunità di Sant'Egidio, sulla base di rapporti internazionali e dei brogliacci delle Capitanerie di porto di diversi Paesi europei, si conoscono i nomi di 12.438 persone morte mentre cercavano di raggiungere l'Europa. Solo la metà è stata seppellita. Degli altri non sono mai stati ritrovati i corpi. La cifra è sicuramente più alta, perché di molte tragedie non si riesce neppure ad avere notizia.

Il cardinale Martino alza la voce quando avverte: «Non si deve morire di speranza». Poi aggiunge: «L'esigenza di futuro non è mai clandestina, non è mai un reato». Le chiama «moderne stragi degli innocenti»: sono le tragedie che si consumano nel deserto e in mare. Solo dall'Africa si contano 2.378 morti e 1.879 dispersi. E alla maggior parte dei cadaveri abbandonati lungo le piste sahariane, restituiti dal mare sulle spiagge spagnole, italiane e greche, ripescati tra le onde dalle motovedette militari o trovati impigliati tra le reti dei pescherecci, non si riesce neppure a dare una nazionalità.

Sulla basilica gremita cala il silenzio. E una stretta attanaglia i cuori quando risuonano le parole della lettera trovata addosso a Yaguine e Fodé, due ragazzi di 14 e 15 anni della Guinea Conakry, morti assiderati nel vano carrello di un aereo appena atterrato a Bruxelles. «Se vedete che ci sacrifichiamo e rischiamo la vita», si legge, «è perché soffriamo enormemente in Africa. Abbiamo bisogno di voi per lottare contro la fame e la povertà. Noi vogliamo studiare e vi chiediamo di aiutarci a studiare per essere come voi».

Era il 1999. Sono passati più di dieci anni e nulla è cambiato. Gli ultimi sono morti in mare, al largo di Lampedusa. Ma poi ci sono Visa, Elsa e Khava, 6, 10 e 13 anni, cecene, morte assiderate sulle colline tra Ucraina e Polonia, mentre tentavano di varcare il confine europeo. C'è Kaled Araba Kail, 14 anni, scorticato vivo dall'asfalto. Era legato all'asse di un camion sbarcato ad Ancona dalla Grecia. Jan, accolto dai Gesuiti a Roma, racconta che i bambini pakistani e afghani fuggono da soli, perché solo un bambino leggero può stare appeso con una cintura all'asse di un Tir: il posto più sicuro è quello vicino al motore, dove la polizia che si piega a controllare non guarda quasi mai. Certo, bisogna sopportare il calore del motore, il movimento degli ammortizzatori, bisogna stare attenti all'asfalto. Jan ce l'ha fatta. Anche Nouab, 16 anni, afghano, era riuscito a passare la frontiera di Trieste sotto un Tir. È morto investito vicino a Venezia, mentre sgattaiolava fuori dalla pancia del camion. Nomi e nomi, uno vicino all'altro, per non dimenticare e per imbarazzare le coscienze, perché la preghiera serve anche a questo.

Ammonisce il cardinale Martino: «Senza la memoria di questo dolore e della speranza spezzata, si edifica un'Europa virtuale, che si vorrebbe senza drammi, avulsa dal mondo globale e carico di tensione in cui viviamo. Origine di tanti e poderosi flussi migratori». E ciò accade, insiste, «sulla scorta di un malinteso senso di sicurezza», sulla base del quale «gli Stati e i legislatori erodono il diritto alla protezione, all'asilo, all'aiuto umanitario». Al termine della preghiera è stato diffuso un appello ai governi di tutta Europa. Si mette in evidenza che la maggior parte degli immigrati irregolari fuggono dalla guerra e dalla fame. Per loro è impossibile ottenere un visto regolare di ingresso. Si chiede «solidarietà, accoglienza e rispetto». Oltre a una «politica lungimirante di cooperazione allo sviluppo, particolarmente nei confronti dell'Africa».

L'arma di ricatto e la «pistola fumante»

Più volte, nelle storie di immigrati, si fa riferimento alla Libia e alle sue coste. Da qui partono le carrette del mare, cariche di disperati. Si invocano interventi per bloccare gli immigrati, ma la sola politica del «pugno di ferro», come l'ha adottata l'Italia, è stata un fallimento in tutta Europa. Il 75 per cento degli immigrati ora regolare è entrato da irregolare. «Se l'unico obiettivo è bloccare l'immigrazione», dice Fulvio Vassallo Paleologo, che insegna Diritto d'asilo all'Università di

Palermo, «non serve fare leggi. Si deve dire chiaramente ai cittadini cosa si vuol fare. E, soprattutto, si deve spiegare che politiche di solo contrasto hanno bisogno di risorse immense, che nessuno ha. Occorrerebbe, invece, fare leggi che prevedano forme di ingresso legali per quelli che cercano lavoro. Perché noi del lavoro degli immigrati abbiamo bisogno. Se, al contrario, si decide di bloccare i flussi, non serve neppure fare una legge sul diritto d'asilo. Non c'è l'assalto all'Italia» (Asgi, Associazione studi giuridici sull'immigrazione, Palermo, 3 settembre 2007).

Quanto ai rapporti con la Libia, il professor Vassallo Paleologo riconosce che c'è un vero problema: «Gheddafi usa gli immigrati come armi di ricatto nei confronti nostri e dell'Europa. Gli va tolta dalle mani la pistola fumante. Né si devono riportare in Libia gli immigrati, perché il problema non viene risolto. Occorre investire nella cooperazione con i Paesi di provenienza e non con la Libia. Ma devono essere investimenti per la cooperazione e non per la deportazione».

Gli immigrati, invece, vengono rimandati in Libia. Facciamo finta di ignorare che Tripoli non ha mai riconosciuto la Convenzione di Ginevra del 1951 sui rifugiati. E che, nel 2008, il 75 per cento di chi è giunto in Italia via mare ha chiesto asilo politico. E che al 50 per cento di essi è stata concessa una sorta di protezione internazionale.

Oltre agli accordi con gli Stati di provenienza, il fenomeno immigrazione va governato aiutando la pacificazione nei territori in conflitto, facilitando i ricongiungimenti familiari, con progetti di cooperazione e di riduzione o cancellazione del debito. E con politiche di integrazione a livello europeo. I processi migratori fanno parte del futuro. Ma di un'Europa civile e matura. Non quella dei Paesi che scaricano la responsabilità dell'accoglienza l'uno sull'altro, per ragioni territoriali. Come, nell'aprile del 2008, tra l'Italia e Malta, sulla pelle di centocinquanta esuli africani, naufraghi nel Mediterraneo su due barconi e salvati dal mercantile turco *Pinar*. Per tre giorni ci si è rimpallati la responsabilità. Ignari del dovere umanitario, secondo i codici internazionali della navigazione, di soccorrere quei disperati ostaggi del mare, molti dei quali, donne e bambini, in punto di morte. Anzi, c'era anche un cadavere. Quello di una ragazza di 20 anni, nigeriana, con una creatura in grembo, morta di stenti. O, forse, nella calca dell'ultimo momento.

Questa tragedia è stata subito dimenticata. La scena l'ha strappata il conflitto tra Italia e Malta sulla competenza territoriale. Alla fine, dopo tre giorni di pena, per ragioni umanitarie, l'Italia ha consentito lo sbarco sul nostro territorio. Ma tutto è finito lì. No, anzi, c'è stata una spiacevole polemica, che ha visto contrapposti il nostro governo e un organismo dell'Onu. Più precisamente, il ministro della Difesa Ignazio La Russa e Laura Boldrini (che «Famiglia Cristiana» ha scelto come «Personaggio dell'anno» per il 2010), portavoce e rappresentante per l'Italia dell'Unhcr. Un conflitto che poteva essere evitato, con un po' di buon senso e rispetto dei reciproci ruoli istituzionali. A livello nazionale e internazionale. Tema della contesa il respingimento, con la forza, sulle coste della Libia di un barcone di migranti «clandestini», senza prima controllare quanti avessero diritto all'asilo politico, secondo le leggi internazionali.

Alla Boldrini, che chiedeva tutele per gli immigrati, sono state rivolte espressioni, quanto meno, poco eleganti: «Non conta un fico secco»; «È disumana o criminale». Interventi inopportuni, perché s'è voluto contrastare il potere giuridico che la Boldrini ha di interpellare le nostre autorità. Il suo ruolo è pubblico e ben noto. I giornalisti hanno imparato a conoscerla non nei salotti televisivi, ma incontrandola in posti dove i politici si vedono solo a cose fatte: in Kosovo, Sudan, Afghanistan, Iran, Iraq.

Il commento della Boldrini alla vicenda che l'ha vista, suo malgrado, opposta al governo è stato pacato e fermo. «Alla periferia Sud dell'Europa», ha detto, «si consuma una guerra a bassa intensità, che non si combatte con bombe e mitragliatori. Nasce dal bisogno negato di pace, sicurezza e benessere. È la guerra tra le persone e il mare che, ogni anno, si lascia dietro centinaia di morti e dispersi, e che nell'Eldorado Europa si sviluppa tra demagogia politica, attenzione mediatica e distacco dell'opinione pubblica. Un terreno scivoloso che rischia di rimettere in discussione quanto si credeva consolidato. E di travolgere quel principio fondamentale su cui si basano le società moderne: il valore della vita umana è lo stesso per tutti. Non si misura in base al Paese di provenienza» («Famiglia Cristiana», n. 21/2009).

Mentre il governo inasprisce le misure di respingimento e inventa il reato di clandestinità, che criminalizza lo straniero prima ancora che abbia commesso reato, il fronte Sud dell'immigrazione clandestina si rivela il più tragico per numero di morti. Anche se non quello decisivo per gli ingressi, perché la gran parte degli irregolari arriva via terra, dall'Est dell'Europa.

Pescatori sì, ma di uomini

Paolo Paliotti, 52 anni, capitano del motopesca *Cesare Rustico* di Mazara del Vallo, è l'ultimo «angelo del mare». Uno di quei capitani coraggiosi che, per innato senso di umanità, si sono reinventati «pescatori di uomini». È rimbalzato agli onori della cronaca, per via di un barcone di immigrati. L'ha intervistato per «Famiglia Cristiana» (n. 36/2009) Francesco Mezzapelle.

Il Mediterraneo non è nuovo a scenari di crudeltà e gesti solidali. Soprattutto da quando è diventato il cimitero per migliaia di poveri disgraziati, su barconi fatiscenti, in cerca di speranza e futuro. Tanti gli episodi di cui sono stati protagonisti Paliotti e il suo equipaggio, composto da quattro italiani e cinque tunisini. Come quella mattina dell'8 aprile 2009. Racconta il comandante del peschereccio: «Eravamo impegnati in una battuta di pesca a circa quaranta miglia a sud di Lampedusa, quando ci siamo imbattuti in un barcone di disperati, che si è rovesciato, e diversi poveretti sono finiti in acqua. Abbiamo passato due ore di grande panico. Li abbiamo tutti recuperati, tranne tre dispersi, una donna e due uomini, mai più ritrovati. Quel giorno ci siamo distrutti per la fatica».

Sulla nuova legge sulla sicurezza, che introduce il reato di favoreggiamento di immigrazione clandestina, Paliotti esprime tutta la sua perplessità. «Certo», dice, «la legge non può tener conto delle circostanze che si vengono a creare in mare. Qui prevale un'altra legge, anche se non scritta, che obbliga noi pescatori a non girarci dall'altra parte quando vediamo uomini, di qualunque colore, in balìa del mare. E a fare tutto il possibile, anche rischiando in prima persona, per salvare delle vite umane». E si domanda: «Dov'è il reato? Rifarei quanto ho fatto. E sono certo che la pensano così tutti i pescatori mazaresi». La conclusione, ancora più amara, perché sa tanto di beffa: «Per quell'intervento abbiamo perso sette ore di lavoro, senza contare il dispendio di gasolio. Il paradosso sapete qual è? Non solo lo Stato non ci indennizza per farci recuperare quanto perso per l'interruzione dell'attività di pesca, ma addirittura adotta una legge che ci fa rischiare d'essere processati».

Così come gli era capitato, qualche anno prima, assistendo un barcone e assicurandone il passaggio a un'unità militare. «Siamo stati chiamati dalle forze dell'ordine», ricorda, «per raccontare quanto avvenuto. Quasi avessimo commesso un reato».

«Scacciati e schiacciati»

Alle denunce dell'Unhcr e di altri organismi internazionali, tra cui Amnesty International, s'è aggiunta, nel settembre 2009, Human Rights Watch, Ong che si occupa della difesa dei diritti umani. Nel suo rapporto *Scacciati e schiacciati* (2009) denuncia la violazione dei diritti dei migranti in numerosi Paesi del mondo. Ma il rapporto punta il dito contro i respingimenti operati dall'Italia verso la Libia, sottolineando che «le politiche di governo e la legislazione hanno inasprito un generale clima di razzismo e xenofobia». E che «i migranti detenuti in Libia riferiscono, categoricamente, di trattamenti brutali, condizioni di sovraffollamento e igiene precaria».

La Libia non ha leggi o procedure d'asilo. Le autorità non fanno distinzioni tra rifugiati, richiedenti asilo e altri migranti. È per lo meno azzardato ritenere la Libia un partner prezioso, se non indispensabile, nel controllo della migrazione. Tra i peggiori abusi denunciati a Human Rights Watch, molti si sono verificati a seguito di tentativi non riusciti di partire dalla Libia. Pastor Paul (nome modificato), un giovane nigeriano di 32 anni, racconta: «Eravamo in una barca di legno, e dei libici su un gommone a motore iniziarono a spararci. Ci dissero di tornare a riva. Continuarono a spararci finché presero il nostro motore. Una persona fu colpita a morte. Non so chi ci sparò, ma erano civili, non in uniforme. In seguito, arrivò una nave della Marina libica, ci raggiunsero e cominciarono a picchiarci. Si presero i nostri soldi e telefoni cellulari. Credo che quelli del gommone lavorassero insieme ai militari. La Marina libica ci riportò indietro con la loro grande nave e ci spedirono al campo di deportazione di Bin Ghashir. Quando arrivammo lì, iniziarono subito a picchiare sia me che gli altri. Alcuni dei ragazzi furono pestati al punto da non poter più camminare».

L'Italia, rinviando in Libia chiunque intercetti in mare, senza neanche cercare di determinare se si tratti di rifugiati, di fatto rinvia individui a rischio di persecuzione. «Molti dei migranti», dice il rapporto, «provengono da Paesi con scarso rispetto per i diritti umani. E, in alcuni casi, con alti livelli di violenza generalizzata. Ma, al di là di coloro che hanno bisogno di protezione, tutti i migranti godono di diritti umani e dovrebbero essere trattati con dignità».

Respingere in Libia gli immigrati è voler ignorare i più elementari diritti d'asilo di chi fugge da guerre, torture. E, spesso, da una condanna a morte. L'Italia, da sempre, è considerata culla del diritto e della civiltà giuridica. Ha bisogno, però, di liberarsi del sigillo xenofobo, che una minoranza politica è riuscita a imporre a tutto il Paese.

Sulle piste della speranza

Don Giuliano Vallotto è un prete della Caritas di Treviso che, dal 1994 al 1999, ha operato in Tunisia, accanto agli africani che tentano la sorte. E che, spesso, soccombono. Ne ha raccolte le storie. Racconti di morte e violenze di quanti sono fuggiti dai loro Paesi, Nigeria, Niger, Camerun, Ciad, Togo, Uganda, privi di documenti e in balìa della criminalità. Storie di «cadaveri di giovani subsahariani ancora dentro al camion che li aveva traditi in mezzo al deserto, uomini dilaniati dalle mine lungo il confine libico, scampati alla schiavizzazione imposta loro dalle tribù nomadi che li intercettano lungo le 'piste della speranza'». Storie che don Vallotto ha raccontato all'inviato di «Famiglia Cristiana», Alberto Laggia (n. 21/2009). «C'era chi attraverso la Libia giungeva in Tunisia e chi preferiva tentare il passaggio tramite l'Algeria, arrivare in Marocco e qui imbarcarsi. Non erano delinquenti, il loro bisogno disperato di emigrare da un Paese senza futuro veniva sfruttato dalla criminalità locale. Si trattava spesso di giovani studenti dell'Africa centrale mandati in Libia a studiare, che poi decidevano di non tornare più. O di donne scelte dai loro clan per tentare la fortuna in Europa. In genere, in Libia, si fermavano a lavorare per raggranellare i denari necessari per pagarsi il viaggio. Se venivano scoperti, li rinchiudevano in campi di concentramento, dove la promiscuità diffondeva l'Aids o dove venivano applicate barbare torture, come il fermo per alcuni giorni in una specie di cella strettissima, coperta da un tettuccio di latta che aumentava, in modo intollerabile, il calore».

«Altre volte», continua don Vallotto, «erano praticate vere e proprie deportazioni collettive. Gruppi più o meno numerosi di migranti venivano caricati su camion per essere abbandonati in pieno deserto. Quello che non facevano la sete e la fame, lo facevano le mine antiuomo disseminate lungo il confine libico-tunisino». Eppure, anche se respinti indietro più volte, rientravano clandestinamente in Tunisia. Quelli a cui don Vallotto offriva dei soldi per tornare ai loro Paesi gli rispondevano, quasi sempre, allo stesso modo: «Abbiamo già passato l'inferno, non vogliamo più tornare indietro».

«È difficile allontanare il sospetto», denuncia don Vallotto, «che il famoso accordo tra Italia e Libia sia uscito dalla cucina della *realpolitik*, perché questa si facesse carico, per conto terzi, del lavoro sporco di ripulire il mare di Sicilia dai migranti. Se si è recata una ferita ai diritti umani fondamentali, sottoscritti anche dal nostro Paese, perché non portare il caso davanti a qualche Corte internazionale?».

Sulla stessa onda, anche il presidente della Camera Gianfranco Fini, che ha definito «miope» la risposta di Tripoli alla sua richiesta di mandare in Libia una delegazione mista di parlamentari per verificare il rispetto dei diritti umani nei centri di accoglienza. E ha ribadito la necessità di «continuare ad avere attenzione per i diritti dell'uomo, dei rifugiati e per ciò che attiene alle convenzioni internazionali» (Apcom, 21 luglio 2009). Ogni migrante, ha scritto Benedetto XVI nell'enciclica *Caritas in veritate*, è titolare di diritti umani fondamentali, che vanno sempre rispettati.

E don Vittorio Nozza, direttore della Caritas nazionale, sulle pagine di «Famiglia Cristiana» (n. 31/2009) commenta: «È troppo facile ed egoistico fermare battelli carichi di centinaia di profughi disperati in fuga e rinviarli in Libia. È la prassi del 'tappeto' sotto cui si nasconde ciò che è per noi inutile o fastidioso. Si afferma così l'idea che i problemi planetari, povertà, fame, ingiustizia, guerra, società multietnica, non richiedono duro impegno per raggiungere soluzioni reali, ma sia più comodo rimuoverli, allontanarli, seppellirli altrove. Poco importa se tra gli sventurati dei barconi ci sono aventi diritto all'asilo. Poco importa cosa succede nei centri in cui vengono rinviati. L'immagine di efficienza vale più della 'merce' immigrata. Salvo poi, se la 'merce' è necessaria, come nel caso di colf e badanti, aprire spiragli nel pugno di ferro contro gli irregolari».

Milano città africana?

Oggi, in ballo c'è l'accoglienza di chi è nel bisogno, il rispetto della dignità di ogni persona umana, soprattutto se straniera. Ma l'Italia è una società «multietnica»? L'interrogativo se l'è posto il presidente del Consiglio, Silvio Berlusconi, passeggiando per Milano. «Per il numero di persone non italiane», ha detto, «mi è sembrato di essere non in una città italiana o europea, ma in una città africana». Per rimediare a questa situazione «inaccettabile», è necessaria la politica dei respingimenti, che «ci ha consentito di non far entrare più neppure un africano in Italia» («Corriere della Sera», 4 giugno 2009).

Tra le tante reazioni, quella del responsabile migranti della Curia milanese, don Giancarlo Quadri: «È una brutta battuta. Io sono contento della multietnicità di Milano, che è diventata grande e ricca grazie alla presenza di genti diverse. La presenza degli stranieri è un grande privilegio e un vantaggio per il futuro. Non bisogna averne paura. A noi, della Chiesa di Milano, piace così. E continueremo ad accoglierli» («la Repubblica», 5 giugno 2009).

In un'intervista al Tg1, gli ha dato man forte il cardinale Dionigi Tettamanzi: «L'unica strada veramente umana nelle politiche migratorie è quella dell'integrazione. Quando si parte dal concetto di dignità umana, allora è possibile affrontare tutti i problemi. Anche quelli del coordinamento tra le istanze della sicurezza e quelle dell'accoglienza».

Dire, con rammarico, che Milano sembra una città africana manifesta superficialità. Solo nella nostra mentalità ristretta l'Africa è sinonimo di disordine e sporcizia. Ignorando che essa è anche ritmo e convivialità, sorrisi e solidarietà. Come non si trovano più nella nostra opulenta e ordinata società. Ma quanto poi ordinata? Bisognerebbe farsi raccontare dai missionari quanto hanno ricevuto dalle popolazioni africane in dignità e ricchezza di umanità. Molti di loro, quando tornano in Italia, si sentono esiliati in patria. Non vedono l'ora di ritornare nel continente africano. Il problema, semmai, è un altro: passare dalla «multiculturalità» alla «interculturalità». Cioè, evitare che le culture diverse restino estranee l'una all'altra, e favorire l'incontro, il confronto e la collaborazione.

Più barche, un unico mare

L'isola di Lampedusa, da anni, è diventata «un laboratorio a cielo aperto», dove si sperimenta la capacità (o l'incapacità) «del piccolo mondo dei grandi di occuparsi del grande mondo dei piccoli», come ha detto Claudio Baglioni («Famiglia Cristiana», n. 29/2006). La sua iniziativa *O' scià* mira a sensibilizzare l'opinione pubblica e la politica sul dramma degli immigrati e dei clandestini. Ogni anno, Baglioni raccoglie cantanti e musicisti che, per tre giorni, si ritrovano sulla spiaggia della Guitgia, per dare la propria voce a chi non ha voce. Per dare «fiato» (*O' scià* è il saluto dei lampedusani e significa «mio respiro») agli «invisibili». Appunto, agli immigrati e ai clandestini.

E per affermare tre cose semplici, ma fondamentali. Primo: «*Non bisogna spegnere la luce*»; che vuol dire non voltarsi dall'altra parte o abituarsi a convivere con la piaga dell'immigrazione clandestina. Secondo: «*Capirsi è possibile*»; trovare, cioè, sulle grandi questioni e per una civile convivenza, quel che più ci unisce, e non quel che ci divide. Terzo: «*La diversità è un valore*»; solo così nel mondo, come nella musica, si può raggiungere l'armonia.

Su Lampedusa, come luogo dell'incontro, non della differenza, Claudio Baglioni ha rilasciato a «Famiglia Cristiana» (n. 29/2006) una propria riflessione, molto significativa. Che vale la pena riportare per esteso. «Lampedusa è una barca. Bella, ma logora e stanca. Da troppo tempo in balìa delle correnti d'alto mare. Da troppo lontana da un porto riparato. Sembra impossibile che resista ancora, tra gli umori instabili di un mare padre e patrigno (che è tesoro e galera insieme) e un cielo che promette l'infinito, ma poi ti lascia annaspare in una quotidianità asfissiante. E, praticamente, priva di sbocchi.

Una barca poco più grande di quelle che, con devastante regolarità, scaricano sulle sue (ma dovremmo dire le nostre) coste i 'privilegiati' dei continenti della disperazione. Privilegiati, perché sono tra i pochissimi che riescono a lasciarsi alle spalle la loro delirante realtà, e bussare alle porte della speranza.

Più barche, un unico mare. Tra tutti il più difficile da navigare: l'indifferenza. Stesso mare, stesso miraggio: un faro che, finalmente, segnali un approdo sicuro, dove gettare l'àncora, scendere a terra e ricominciare a vedere se è vero che la vita può avere un senso.

È ovvio che le condizioni tra chi lotta per un futuro migliore e chi si accontenterebbe semplicemente di averlo, un futuro, sono profondamente diverse. Ma il bisogno è lo stesso: che noi ci accorgiamo di loro. Noi che siamo riusciti a riparare in un porto sicuro da così tanto tempo da avere ormai dimenticato cosa significhi cercarne uno. E, cosa ancora peggiore, da non avere più molta voglia di ricordarlo. Lampedusa e le carrette della disperazione condividono, soprattutto, questo: l'invisibilità.

Invisibili agli occhi, ai cuori, alle coscienze. Invisibili a tutto, tranne che ai radar delle motovedette e a telecamere, che non possono far altro che fare cronaca della loro disperazione. E del nostro disagio. Una cronaca che misura l'incapacità di chi dovrebbe intervenire per sanare certi osceni squilibri mondiali e lavorare per costruire 'pari opportunità' e prospettive possibili. Nei continenti della disperazione, prima ancora che da noi».

L'Italia «terra promessa»
L'altra faccia della medaglia

Un «ponte economico» tra le nazioni

L'Italia, terra promessa. Un tempo nazione da cui si emigrava per fame. Oggi il «sogno» di milioni di disperati, in cerca di lavoro e di un avvenire per le loro famiglie. Speranza, questa, per molti già realizzata. Con duplice beneficio. A vantaggio dei Paesi d'origine, grazie alle rimesse degli immigrati. A beneficio del Paese ospite, che del lavoro degli stranieri non può fare a meno. Pena la paralisi totale. O un rapidissimo declino. Qualcuno ha definito il lavoratore straniero «ponte economico» di vitale importanza. Insostituibile, per la crescita e lo sviluppo. «Ponte» non solo tra il Paese di partenza e quello d'arrivo. Ma un collegamento tra le nazioni del mondo, fra tutti gli esseri umani, sempre più interdipendenti gli uni dagli altri. A qualsiasi distanza.

Discriminare lo straniero, oltre che fattore di inciviltà, è antieconomico. Se non masochistico. È assurdo cercare le braccia degli immigrati, la loro «forza lavoro», e far finta di non sapere che hanno un volto, una famiglia e una storia. Sono persone umane. Non oggetti utili al lavoro e alle imprese. Ricordava Giovanni Paolo II, nell'enciclica *Laborem exercens*: «Non è il genere di lavoro che si compie a determinare il suo valore, ma il fatto che chi lo attua è una persona». Il lavoratore migrante non è «merce», da trattare come un qualsiasi fattore della produzione.

Gli «utili invasori» e gli «importatori riluttanti»

Per tante nazioni, l'Italia in particolare, l'immigrazione non è un lusso, ma una vera necessità. E decisiva. Sono i dati a dimostrarlo. Lo riconosce anche chi fa demagogia contro gli immigrati. Senza il loro lavoro, il Paese si ferma: dall'industria all'agricoltura, dagli ospedali ai trasporti. Per non parlare dell'assistenza agli anziani. Gli stranieri partono dal fondo della fila. Fanno lavori che i nostri figli non vogliono più. Lavorano di notte e di domenica. Chi dice che non se ne può più di questi stranieri in Italia è lo stesso che non saprebbe dove mettere il nonno, se non avesse la badante ucraina.

Utili invasori è il titolo del libro sull'inserimento al lavoro degli immigrati che Maurizio Ambrosini, docente di Sociologia dei processi migratori alla Statale di Milano, ha scritto più di dieci anni fa. Ancora oggi conferma gli stessi concetti: «Sono necessari, ma non benvenuti. Sono indispensabili, perché ne abbiamo disperatamente bisogno, ma resistiamo a riconoscere loro cittadinanza sociale». Lo dichiara ad Alberto Bobbio, in un'intervista a «Famiglia Cristiana» (n. 43/2008).

E aggiunge: «L'immigrazione come fantasma inquietante e minaccioso è un'invenzione di chi cerca consenso per altri motivi. L'atteggiamento della gente è più pragmatico, flessibile e disponibile. Soprattutto verso le immigrate. Sono le famiglie ad alimentare l'immigrazione irregolare, se hanno problemi di assistenza agli anziani. E sono le famiglie, giustamente, a fare pressioni per le sanatorie. Quanto all'economia, il ricorso all'immigrato irregolare consente di tenere basso il costo del lavoro. Fa restare in vita attività che, altrimenti, rischierebbero di scomparire, trascinando nel baratro anche lavoratori italiani. C'è, poi, una miriade di lavori 'debolmente qualificati', senza i quali la nostra società si fermerebbe: addetti alle pulizie, custodi, imbianchini, autisti, baby sitter, colf, lavanderie, camerieri, parrucchieri, mense, tavole calde, *fast food*, bar».

«L'immigrato», continua Ambrosini, «va bene dalle otto del mattino alle diciotto della sera. Poi deve sparire, perché disturba. Non lo vogliamo vedere al bar, non lo vogliamo nei parchi nel fine settimana. Ecco perché approviamo la creatività razzista dei sindaci sceriffi. Un giorno, però, gli immigrati presenteranno il conto. Alla fine, si organizzeranno anche politicamente. E non è detto che sarà meglio. Con questa politica, intrecciata di minacce e ostilità, ci stiamo preparando un cattivo futuro. Uno sciopero degli immigrati metterebbe in ginocchio il Paese».

Facile immaginare lo scenario: cantieri edili fermi di colpo, fabbriche chiuse, mercati ortofrutticoli vuoti, campi di pomodori abbandonati, arance e altri agrumi che restano sugli alberi, alberghi senza personale, ristoranti e pizzerie deserti. Nonché famiglie senza badanti e colf. Ospedali e case di cura senza personale. In maniera determinante.

In una città come Milano, con i saldi di inizio anno, la fetta più grossa di quelli che hanno speso soldi è fatta di stranieri. Secondo i più recenti dati, nella metropoli lombarda vivono 195.635 immigrati iscritti all'anagrafe, cui vanno aggiunti almeno quarantamila clandestini. Sono stranieri due milanesi su dieci. «Se non ci foste voi», ha detto il cardinale Tettamanzi, alla Malpensa, il 1° dicembre 2009, «si fermerebbe tutto l'aeroporto».

Un giorno senza immigrati a Milano vuol dire che incrociano le braccia trentamila filippini, venticinquemila egiziani, diciassettemila cinesi. Può permetterselo la città? Nei primi dieci nomi più diffusi tra gli imprenditori a Milano ce ne sono due stranieri, Mohamed all'ottavo posto e Abdel al nono. Sempre nel capoluogo lombardo, per la prima volta, il «milanesissimo» cognome Brambilla è stato superato dal «cinesissimo» Hu. I Brambilla sono, oggi, 837 famiglie. Contro i 1.134 Hu che vivono, quasi tutti, nella Chinatown di via Paolo Sarpi.

Allo sciopero degli stranieri qualcuno, anzi più d'uno, ci ha pensato. Tramite Internet e Facebook. A partire dalla Francia, che ha scelto la giornata del 1° marzo 2010. Quella che sembrava una semplice provocazione, vedere cioè checosa sarebbe successo se la Francia si fosse svegliata un giorno senza immigrati, s'è trasformata in un appuntamento già fissato, con decine di migliaia di iscritti e l'adesione delle principali associazioni che si occupano di immigrati.

Lo stesso in Italia, dove sono sorti due gruppi su Facebook. Uno, chiamato «Primo marzo 2010, 24 ore senza di noi», si è ispirato alla «Giornata senza immigrati» della Francia. Si è inteso organizzare una grande manifestazione di protesta per far capire all'opinione pubblica, come hanno detto gli organizzatori, quanto sia determinante l'apporto dei migranti alla tenuta e al funzionamento della nostra società. Il secondo gruppo, nato insieme e sulla scia dell'omonimo libro di Vladimiro Polchi, ha voluto chiamarsi «Blacks out. Un giorno senza immigrati». Vi hanno aderito, oltre a singoli stranieri, molte associazioni. Non ha fatto fa mancare il suo sostegno Andrea Olivero delle Acli, l'Associazione cristiana dei lavoratori italiani, con quasi un milione di iscritti e 4.500 circoli su tutto il territorio.

Aly Baba Faye, sociologo, uno degli organizzatori del gruppo «Blacks out», così ha spiegato la manifestazione: «Un vento xenofobo spazza il nostro Paese. E la risposta della politica è una sola: aprire la stagione della 'caccia all'immigrato'. Con la scusa dell'irregolarità, dichiara guerra alla società multietnica e sdogana l'equazione 'immigrato uguale criminale'» («la Repubblica», 15 dicembre 2009).

Se per gli immigrati il professor Ambrosini ha usato l'espressione «utili invasori», riferendosi all'atteggiamento dei nostri connazionali parla di «importatori riluttanti» di manodopera straniera. E spiega: «Abbiamo bisogno di attingere a nuovi fornitori di forza lavoro, ma non vorremmo ammetterlo. Gli operatori economici, famiglie comprese, premono per ottenere maggiori aperture. Ma vasti settori dell'opinione pubblica paventano invasioni e invocano chiusure più rigide, influenzando le scelte politiche». L'esperienza insegna, aggiunge Ambrosini, che «provvedimenti legislativi troppo restrittivi finiscono per incentivare un mercato parallelo del lavoro immigrato, fornendo tra l'altro una giustificazione morale a chi aggira le norme» («Famiglia Cristiana», n. 13/2006).

Se non ci fosse Mohammed, ma anche José, Natasha, Goran, che Italia sarebbe? La domanda, un giorno, ce la siamo posta anche noi, in redazione, a «Famiglia Cristiana». E abbiamo voluto indagare, più da vicino, che cosa succederebbe a questo Paese.

A cominciare, ad esempio, dagli infermieri. La nostra sanità, invidiata all'estero per quanto offre ai pazienti (almeno sulla carta, non considerando cattiva gestione e sprechi), sarebbe allo sbando. Quasi tredicimila infermieri provengono da Paesi extracomunitari. Oltre cinquemila dall'Europa, quasi tremilacinquecento dall'Asia e altrettanti dall'Africa.

«Anche se sono una minoranza rispetto al dato globale dei 364 mila iscritti all'Albo, la presenza di questi colleghi è assolutamente necessaria», dice Annalisa Silvestro, presidente dell'Ipasvi (Federazione nazionale collegi infermieri). E aggiunge: «Secondo i dati Ocse (Organizzazione per la cooperazione e lo sviluppo economico) sulla presenza degli infermieri nel nostro Paese, ultimo in Europa con Grecia e Turchia, mancano all'appello sessantamila addetti. Non si potrebbe fare a meno di questi colleghi, il cui ingresso, non a caso, non è contingentato» («Famiglia Cristiana», n. 46/2009). Senza gli stranieri, la salute dei cittadini italiani sarebbe poco tutelata. Ne soffrirebbero, in particolare, gli anziani assistiti nelle strutture sanitarie, i malati cronici e le persone con handicap.

Come faremmo ad avere latte fresco ogni mattina, frutta e verdura per le nostre tavole se, di colpo, incrociassero le braccia o sparissero i lavoratori stranieri negli allevamenti e nell'agricoltura? Gli immigrati che lavorano nei campi in Italia sono circa centomila. Provengono, in prevalenza, dall'India, dal Nordafrica e dall'Europa dell'Est. Gli indiani sikh, nella provincia di Cremona, hanno sostituito i locali nella mungitura. Sono circa cinquemila. Di questi, più di tremila sono impegnati negli allevamenti (su undicimila addetti totali del settore). Sono perfettamente integrati e conducono gli allevamenti e le aziende agricole con professionalità, oltre che dedizione. A livello nazionale, sono in aumento le imprese agricole condotte da extracomunitari, cresciute più del 26,3 per cento negli ultimi cinque-sei anni. Oggi 6.747 aziende agricole in mano agli stranieri danno lavoro a molti italiani.

«A Giovanardi piacciono le badanti dell'Est»

Capitolo più ampio, e importante, è quello delle badanti. Presenza insostituibile per le famiglie italiane. Basta vedere quanti anziani per strada sono accompagnati da giovani straniere. Le cifre sono più stime che dati puntuali. La maggior parte lavora in nero, perché clandestine. L'Adoc, l'Associazione nazionale per la difesa e l'orientamento dei consumatori, ha stimato le collaboratrici familiari immigrate (di cui le badanti sono la parte prevalente) attorno a 1.700.000. Impiegate, per lo più, in modo irregolare, non perché i datori di lavoro non vogliano metterle in regola, ma perché non ne hanno la possibilità.

Nella sola Lombardia, badanti e colf sono circa centotrentamila, di cui cinquantamila irregolari. Arrivano, soprattutto, da Romania, Moldavia, Ucraina e Filippine. Il numero degli anziani, nella regione, è in sensibile aumento. La provincia di Milano, che nel 2007 aveva quasi 3.900.000 residenti con 780.000 ultrasessantacinquenni, nel 2017 avrà, secondo stime, 4.100.000 abitanti e quasi 950.000 persone sopra i 65 anni, e 140.000 oltre gli 85.

«Oggi la spesa media di una famiglia per la cura di un anziano è sui 1.000 euro», spiega il presidente Acli milanesi, Gianni Bottalico. «Le rette mensili in una struttura protetta vanno da 1.600 a 2.800 euro. Se le badanti venissero allontanate, si innescherebbe un'emergenza per le famiglie, che sarebbero costrette a rivolgersi ai Comuni, con un aggravio dei costi per le amministrazioni. L'assistenza in famiglia, oltre a essere un risparmio, è anche un valore. Colpendo le badanti si mettono in difficoltà le famiglie e si creano forti elementi di disuguaglianza» («Famiglia Cristiana», n. 29/2009).

Sarebbe ragionevole favorire, non ostacolare, la regolarizzazione degli immigrati in questo settore. Invece, il «reato di clandestinità» e il «pacchetto sicurezza» del governo hanno reso fuorilegge buona parte degli stranieri (badanti e colf) che puliscono i nostri vecchi e imboccano i nostri bambini. Nel nome della «sicurezza», si colpiscono badanti, colf, baby sitter che hanno sacrificato le loro famiglie, mariti e figli anche piccoli, per dare più qualità alla vita dei nostri cari.

Il timore aumenterà l'irregolarità diffusa. Secondo i dati ufficiali dell'Inps, i rapporti di lavoro domestici regolarmente denunciati sono settecentomila. Con qualche tratto di irregolarità, dovuta alle scarse risorse economiche delle famiglie e alla reciproca convenienza di accordi tra badanti e famiglie. Secondo ulteriori stime, generalmente condivise, altri cinquecentomila stranieri, presenti irregolarmente in Italia, sono nelle case degli italiani, ma senza contratto. Problema già emerso con il Decreto flussi 2007, che autorizzava una quota di centosettantamila persone per l'assistenza familiare e il lavoro domestico. Le domande giunte al ministero dell'Interno, però, superarono le settecentoquarantamila. Si trattava di persone straniere già presenti in Italia, che lavoravano in quelle famiglie che hanno fatto domanda.

Con l'approvazione della legge sulla sicurezza, le famiglie italiane ora hanno paura. Rischiano l'ammenda e la sanzione, se hanno in casa una persona straniera senza regolare permesso di soggiorno. Con l'aggravante del favoreggiamento. A sua volta, lo straniero rischia, oltre all'espulsione, la denuncia per il reato di clandestinità, con un'ammenda da 5.000 a 10.000 euro. Paure che non risolvono il problema. Semmai generano allarme sociale. E aumentano, ancor di più, l'illegalità diffusa nel lavoro domestico.

A chi ha invocato, tra i primi, una sanatoria, come ha fatto il sottosegretario alla Famiglia, Carlo Giovanardi, è giunta una risposta ruvida del leader della Lega, Umberto Bossi. Che ha aggiunto una battutaccia, come suo solito. «La sanatoria la escludo», ha detto Bossi, «cinquecentomila regolarizzazioni non sono mica una barzelletta. Sospetto che a Giovanardi piacciano le badanti dell'Est» («Libero», 7 luglio 2009).

Un provvedimento è stato necessario, secondo buon senso. E anche sotto pressione delle famiglie con badanti irregolari in casa. Giovanardi ha tenuto a precisare che non si tratta di «sanatoria», ma di regolarizzazione. E che era suo dovere, come sottosegretario con competenze per la famiglia, sollevare il problema. Restano, tuttavia, due domande senza risposta. Perché ci si è accorti del problema solo dopo l'approvazione del pacchetto sicurezza? Non si poteva affrontarlo prima? E poi, perché le badanti sì e gli altri lavoratori clandestini no? Sono, questi, gli incidenti in cui si incorre quando si legifera sotto l'onda emotiva. Con fretta e improvvisazione. Solo per dare un segnale al Paese. O, meglio, a quella parte del Paese che non vuole gli stranieri tra i piedi.

Non rubano il lavoro a nessuno

Non scherza neppure il settore dell'edilizia. Gli extracomunitari che lavorano nei cantieri italiani sono un esercito di duecentocinquantamila. In prevalenza romeni, albanesi e marocchini. Più della metà sono impiegati al Nord. Rappresentano il 15 per cento del totale dei lavoratori impiegati nel comparto. Anche gli imprenditori extracomunitari sono in ascesa: circa settantaquattromila, pari al 6 per cento del totale.

Secondo uno studio pubblicato, a marzo del 2008, da Anaepa Confartigianato, negli ultimi due anni sono «usciti» dai cantieri trentamila italiani e sono «entrati» trentacinquemila stranieri. Settore, quello dell'edilizia, che attira sempre meno i giovani italiani. Il costo della manodopera straniera è più basso. E c'è un sommerso, soprattutto al Sud, che tocca punte del 22 per cento. Con un impressionante numero di incidenti sul lavoro: cinquemila nel 2004.

Che gli immigrati non rubino il lavoro a nessuno lo conferma il rapporto della Banca d'Italia *Le economie delle Regioni italiane* (2008). Confutando assurde polemiche. Nel Centronord, dove maggiore è il sentimento ostile, il 79,3 per cento degli immigrati sono operai (fra gli italiani solo il 35,1 per cento), ma guadagnano l'11 per cento in meno dei nostri connazionali. Sulla qualità delle occupazioni si accentuano, invece, le differenze. I confronti sono spietati: fra gli uomini, nelle costruzioni opera il 27,6 per cento dei dipendenti immigrati, contro l'11,1 dei nostri; tra le donne, il 42,7 per cento delle straniere è dedito ai servizi familiari (badanti, colf) contro appena il 7,5 delle italiane.

Secondo Banca d'Italia, l'immigrazione ci è di aiuto in termini fiscali (gli immigrati pagano contributi e tasse come ogni cittadino italiano); in termini economici (producono ricchezza e consumano come noi); in termini di qualità di occupazione (fanno mestieri che permettono a molte donne italiane di lavorare fuori casa). Sono una risorsa per l'erario, la previdenza sociale e i privati. Ciò nonostante, non li vogliamo.

Cambiando scenario, che succede nello sport, settore che mobilita l'interesse e la passione di milioni di italiani? Potrebbero gli italiani, calciofili, vivere la domenica senza pallone? E cosa sarebbe il calcio senza «bipedi» stranieri? Se dall'album delle figurine staccassimo le foto di questi «immigrati di lusso», in una qualsiasi giornata di campionato qualche squadra non potrebbe «scendere in campo». A cominciare dall'Inter, vincitrice negli ultimi anni di più scudetti consecutivi, dove i giocatori italiani sono l'eccezione. Anche il giovane talento Mario Balotelli è cittadino italiano. Sia pure da poco tempo, al compimento del diciottesimo anno d'età. Nato a Palermo da genitori ghanesi, di cognome fa ancora Barwuah sui documenti. Le cifre della Lega Calcio, nella stagione calcistica 2008/2009, parlano di 351 stranieri in serie A, di cui 147 extracomunitari, su un totale di 2.501 tesserati. Ma il fenomeno non è solo italiano. Senza stranieri si impoverirebbero tutte le squadre delle principali leghe calcistiche d'Europa.

E la Chiesa? Dai campi della serie A ai campetti dell'oratorio, dove si tirano calci alla «viva il parroco», la situazione non muta più di tanto. L'Italia, un tempo, mandava missionari in ogni angolo del mondo, anche il più sperduto. Oggi si ritrova a «importare» clero dall'estero. Sono oltre 1.500 i sacerdoti stranieri che vivono e operano sul nostro territorio. Un numero rilevante. Un terzo è rappresentato dagli studenti presso le facoltà teologiche che, nel tempo libero, danno una mano nelle parrocchie. Due terzi sono impegnati, direttamente, come parroci, viceparroci e responsabili in settori vari della comunità ecclesiale.

Circa la provenienza, dominano l'Europa dell'Est e l'Africa. Numerosi sono i polacchi, i romeni e i sacerdoti del Congo. «La scarsità di vocazioni italiane allarma. Fin troppo», dice don Gianni Cesena, direttore dell'ufficio nazionale Cei per la cooperazione missionaria tra le Chiese. «Dobbiamo, però, passare da un'affannosa logica del bisogno (occorre tappare i buchi e, quindi, ci rivolgiamo all'estero) a una logica più evangelica. Lo scambio tra Chiese è un arricchimento reciproco» («Famiglia Cristiana», n. 43/2008). Ma la realtà è questa: senza preti stranieri, niente più Messa, la domenica, in tante parrocchie d'Italia.

La ricerca di lavoro porterà sempre più donne e uomini a varcare le frontiere delle loro nazioni. Con o senza autorizzazioni. A doversi occupare di immigrazione, «fenomeno di natura epocale», come l'ha definito Benedetto XVI, saranno non solo i Paesi di partenza e di arrivo, ma anche quelli di transito. Sempre più nazioni saranno coinvolte, in una più stretta collaborazione per salvaguardare i diritti dei migranti e dei Paesi che li ospitano. A tale proposito, monsignor Agostino Marchetto ricorda quanto sia importante che tutti i Paesi ratifichino la Convenzione internazionale sulla protezione dei diritti dei lavoratori migranti e delle loro famiglie. Adottata dall'Assemblea generale dell'Onu nel dicembre 1990, è entrata in vigore il 1° luglio 2003. Nessun Paese può far fronte, da solo, all'immigrazione d'oggi: è compito della comunità dei popoli e delle nazioni. In vista del bene comune, che si estende a tutta la famiglia umana.

Due milioni di immigrati al lavoro

Alcuni dati, innanzitutto. I quattro milioni e mezzo di cittadini stranieri, presenti regolarmente nel Paese, sono pari al 7,2 per cento della popolazione italiana. E due milioni sono i lavoratori che contribuiscono alla ricchezza del «sistema Italia». Ogni anno, aumentano per supplire alle carenze della forza lavoro. Anche in periodo di crisi economica, come in questi ultimi anni, il numero dei lavoratori stranieri occupati è cresciuto di duecentomila unità.

I lavoratori nati all'estero, inclusi gli italiani di ritorno, sono il 15,5 per cento degli occupati. Gli stranieri, in senso stretto, sono quasi il 10 per cento degli occupati. Contribuiscono con un'analoga quota alla ricchezza del Paese. La loro fetta nel Pil, il Prodotto interno lordo del Paese, è arrivata a 120 miliardi di euro l'anno. I lavoratori stranieri hanno una spiccata propensione alla mobilità sul territorio. Disponibili a inserirsi in tutti i settori. Più in particolare, sono impegnati per il 7,7 per cento nell'agricoltura e nella pesca, per il 33,6 per cento nell'industria, per il 54,5 per cento nei servizi.

Il lavoro e la presenza della famiglia attestano il carattere di insediamento stabile dell'immigrato. Si tratta di persone che, dopo aver superato difficoltà iniziali, si sono ben inserite sul posto di lavoro. Secondo Federcasa Italia (sulla base di dati forniti dall'istituto Scenari immobiliari), negli ultimi cinque anni gli immigrati hanno comprato oltre seicentomila alloggi, spendendo 70 miliardi di euro. Si tratta, per lo più, di case di 50-60 metri quadrati, vecchie e degradate. Quasi il 90 per cento degli stranieri che hanno comprato casa nel 2005 ha scelto questo tipo di abitazioni per la scarsa offerta del mercato. E, soprattutto, per via dei prezzi alti delle abitazioni.

La stragrande maggioranza degli immigrati vive in affitto

(61 per cento), mentre il 20 per cento ha un alloggio di proprietà. Anche loro sono colpiti, pesantemente, dalla crisi dei mutui. La domanda di casa degli stranieri ha influito sul boom del mercato, contribuendo a far aumentare la ricchezza complessiva del patrimonio immobiliare degli italiani. Il Piano Casa del governo, di fatto, esclude gli immigrati, perché prevede l'obbligo di dieci anni di residenza per l'accesso all'edilizia sociale. Solo due Regioni, la Liguria e l'Emilia Romagna, mettono gli immigrati regolari sullo stesso piano degli italiani per le graduatorie. Tra gli esempi positivi di recupero e di inserimento nei piani regolatori si segnalano Bari con il progetto *Home*, Bologna, e Milano per il quartiere Stadera.

Secondo il *Dossier* Caritas-Migrantes 2009, gli stranieri presentano, come caratteristiche, un tasso di attività di 11 punti più elevato rispetto alla media (73,3 contro 62,3). Sono fortemente motivati a «sfondare». Anche per sostenere i familiari rimasti in patria, ai quali nel 2008 hanno mandato 6,4 miliardi di euro con le rimesse. Sono esposti a maggiori rischi sul lavoro (143.651 infortuni nel 2008, dei quali 176 mortali). Hanno scarsa gratificazione per via dei lavori di basso livello. Ma anche per il mancato riconoscimento delle loro qualifiche. Nonostante molti arrivino da noi con laurea e titoli di studio. Sono, infine, sottoposti ad atteggiamenti di diffidenza e di aperta ostilità. Con ricorrenti atti di xenofobia e razzismo.

Dei due milioni di lavoratori immigrati, quasi un milione è iscritto ai sindacati. Vogliono tutelare la dignità del proprio lavoro. Ma cresce la loro partecipazione in altre strutture di aggregazione, come circoli culturali e sportivi. Secondo le stime, un milione sono le donne immigrate che si prendono cura delle nostre famiglie.

La regolarizzazione del settembre 2009 s'è chiusa con 294.744 domande di assunzione di lavoratori extracomunitari come collaboratori familiari o badanti. Con maggiore accortezza, il provvedimento avrebbe consentito l'emersione di un numero maggiore di persone, con benefici innegabili per gli immigrati e le famiglie assistite. Ma anche per lo Stato, perché l'operazione ha fruttato 154 milioni di euro in contributi arretrati. Mentre nel prossimo triennio, 2010-2012, farà entrare nelle casse dell'Inps 1 miliardo e 300 milioni di euro supplementari.

Va considerato che i livelli di retribuzione dei lavoratori stranieri in Italia sono più bassi rispetto agli italiani. Se un lavoratore italiano, mediamente, guadagna 1.245 euro netti al mese, uno straniero arriva appena a 962 euro (quasi il 23 per cento in meno). Gli altri lavoratori, come le badanti, guadagnano 800 euro al mese. Se per gli italiani il titolo di studio influisce sul tipo di lavoro, sull'inquadramento professionale e lo stipendio, per gli stranieri il possesso di un titolo elevato non garantisce una retribuzione superiore.

Danno molto e ricevono ben poco

Qualche sorpresa anche nell'imprenditoria. Positiva, in questo caso. Nonostante la crisi, c'è dinamismo. Dagli allevatori agli agricoltori, dall'edilizia al commercio, dalla gestione di *phone center* alla creazione di piccole case di moda. È un mondo variegato di centosessantacinquemila immigrati, che gestiscono un'impresa nel nostro Paese: una ogni trentatré aziende registrate in Italia. Fenomeno recentissimo, se si pensa che l'85 per cento di queste attività è stato avviato dopo il 2000. Mentre, prima di quella data, era attivo solo il 15 per cento.

Sono i dati di *Immigratimprenditori* della Fondazione Ethnoland, in collaborazione con *Dossier* Caritas-Migrantes. Risulta che, dal 2003 a oggi, il numero delle imprese straniere è triplicato. Da 56.421 unità si è passati alle 165.114 censite nel giugno 2008. Una crescita sorprendente, se si pensa che tra gli italiani, in quest'ultimo periodo, s'è registrata una flessione del numero di aziende. Sia pure leggera. In alcune regioni del Nord, l'intraprendenza degli immigrati ricorda il boom degli anni Sessanta e Settanta, con le piccole aziende create dai meridionali che prima erano impiegati nelle grandi fabbriche.

La Lombardia si distingue come area principale dell'imprenditoria straniera, con 30.000 aziende (solo in provincia di Milano sono più di 17.000), seguita dall'Emilia Romagna (20.000) Lazio, Piemonte, Toscana e Veneto (15.000), Campania, Marche e Sicilia (4.000). Il settore trainante è l'industria con 85.000 aziende (50,6 per cento del totale). Al suo interno, l'edilizia impegna 64.500 aziende, seguita a distanza dal tessile con 10.000 aziende. Settore, questo, quasi tutto in mano ai cinesi. L'altra metà delle imprese riguarda i servizi: sono 77.000 aziende, pari al 46,9 per cento del totale. I marocchini, tra le grandi collettività, sono maggiormente dediti al commercio (gestiscono il 67,5 per cento delle imprese in questo settore); i romeni all'edilizia (più dell'80 per cento), mentre i cinesi si ripartiscono tra l'industria manifatturiera (46 per cento) e il commercio (44,6 per cento).

Che le imprese straniere in Italia non conoscono crisi lo confermano i dati elaborati dalla Fondazione «Leone Moresca» (per lo studio e la valorizzazione dell'artigianato e della piccola impresa) di Mestre, in provincia di Venezia. Anche in un «anno orribile» per l'economia, com'è stato il 2009, sono cresciute. «Oltre a essere un fenomeno sempre in continua evoluzione», spiegano i ricercatori della Fondazione veneta, «quello dell'imprenditoria etnica non sembra aver subito il contraccolpo della crisi. Almeno in termini di numerosità. Continuano a crescere, mostrando buona vivacità imprenditoriale. Probabilmente, grazie alla capacità di una maggiore flessibilità e adattamento alla recessione».

Tra le province italiane, la prima per imprenditori stranieri è Prato (14,3 per cento), seguita da Trieste (10,7 per cento), Teramo (9,9 per cento) e da Firenze (9,4 per cento). Ma, in termini assoluti, con oltre il 25 per cento del totale, sono Milano, Roma e Torino a ospitare il maggior numero di imprenditori stranieri. I settori con la maggiore presenza sono il commercio e il manifatturiero con il 29,5 per cento. Segue l'edilizia con il 22,3 per cento. Nelle concerie gli stranieri rappresentano l'80 per cento della forza lavoro, nelle acciaierie il sessantacinque, nell'edilizia il sessanta. Un imprenditore straniero su quattro è donna, e gestisce un ristorante.

Fra titolari di imprese, soci, altre figure aziendali e relativi dipendenti, gli immigrati movimentano oltre mezzo milione di persone. Finora, nel mondo dell'imprenditoria, hanno realizzato solo la metà delle loro effettive potenzialità.

Sul piano dei contributi l'apporto degli immigrati è consistente. Ogni anno, assicurano al fisco 5 miliardi e 500 milioni di euro. Se non di più. E altrettanti 5 miliardi danno all'Inps, sotto forma di contributi previdenziali. Danno moltissimo e ricevono ben poco. Perché gli immigrati, ancora giovani, non prendono la pensione. Eppure, c'è chi non si arrende all'evidenza e alla forza dei dati. Come il deputato leghista Maurizio Fugatti che, con un emendamento alla Finanziaria 2009, ha proposto di limitare a sei mesi la cassa integrazione per i cittadini extracomunitari che lavorano in Italia. «Le risorse sono quelle che sono», ha detto, «prima dobbiamo pensare agli italiani».

Senza scomodare l'articolo 3 della Costituzione, che stabilisce pari dignità sociale per tutti i cittadini, senza distinzione «di sesso, di razza, di lingua, di religione, di opinioni politiche, di condizioni personali e sociali», o gli articoli 36, 37 e 38 sui diritti fondamentali dei lavoratori, compreso quello di avere «i mezzi adeguati alle loro esigenze di vita in caso [...] di disoccupazione involontaria», la sparata leghista ha suscitato un unanime coro di dure proteste. Anche da esponenti della sua stessa maggioranza. Si va dalle accuse di incostituzionalità ed espressioni forti dell'opposizione: «Sono norme incivili e razziste» (Sesa Amici, deputata Pd, capogruppo Affari costituzionali della Camera); «La proposta della Lega è una nuova forma di legge razziale nel mondo del lavoro» (Massimo Donadi, capogruppo Idv alla Camera); alle bordate della maggioranza: «È una provocazione, che non avrà seguito» (Mara Carfagna, ministro per le Pari opportunità), «Un'idea irragionevole e autolesionistica. Non è possibile fare queste discriminazioni» (Ignazio La Russa, ministro della Difesa). Com'era ovvio, anche il sindacato s'è fatto sentire: «Un'iniziativa xenofoba e una vera e propria sciocchezza giuridica. I lavoratori stranieri pagano come tutti gli altri i contributi per accedere agli ammortizzatori sociali» (Fulvio Fammoni, segretario confederale della Cgil); «È un'esplicita istigazione alla clandestinità e al lavoro nero» (Cesare Damiano, capogruppo Pd della commissione Lavoro della Camera) (Corriere della Sera.it, 27 novembre 2009.

Provocazione per provocazione, visto che gli immigrati avranno diritto a metà cassa integrazione, s'è chiesto qualcuno, perché non facciamo pagare loro anche metà dei contributi che versano?

C'è un altro luogo comune, a danno degli stranieri, che va sfatato: la spesa sociale. Si dice che gli immigrati ne «approfittano» e «sfruttano» i nostri servizi di sanità e assistenza. Banca d'Italia smentisce prontamente. Ha stimato che agli immigrati va il 2,5 per cento di tutte le spese (istruzione, sanità, pensioni...), che è la metà di quello che assicurano al fisco.

Nel triste evento del terremoto dell'Aquila, il 6 aprile 2009, il contributo di morti degli immigrati è stato alto. Nella zona aquilana gli stranieri sono dediti alla pastorizia e all'agricoltura. Sono, per lo più, macedoni, albanesi e romeni. Su 291 vittime del terremoto, 19 sono stranieri, quasi il 7 per cento dei morti. Cifra superiore all'incidenza dei cittadini stranieri in Abruzzo, che è del 4,5 per cento. Segno di come presenza, lavoro e convivenza tra italiani e immigrati vadano intrecciandosi sempre più strettamente. Sia nelle giornate normali, sia in quelle della disgrazia.

Altro che «vu' cumprà» e venditori ambulanti!

Nonostante i problemi di integrazione, gli stranieri danno un forte contributo alla crescita della nostra economia. Altro che *vu' cumprà* e venditori ambulanti, per spiagge e strade cittadine, come facilmente li si etichetta! Dopo aver lavorato sotto padrone, gli extracomunitari si mettono in proprio, aprono una partita Iva e creano un'azienda. Le «etnoimprese», quelle dirette da immigrati, da anni sono in crescita. Oltre ad assumere loro connazionali, danno lavoro agli italiani, che si ritrovano con un «padrone esotico». Senza problemi. «Con lui è nato subito un bel rapporto», confessa un contabile, riferendosi al suo datore di lavoro camerunense. Si tratta di Otto Bitjoka, la sua storia è stata raccontata da Paolo Perazzolo su «Famiglia Cristiana» (n. 40/2003).

Bitjoka, partito dal Camerun, ha preso la laurea in Economia alla Cattolica di Milano, master alla Bocconi, s'è sposato con una compagna di studi e ha due bambini adottati, naturalmente africani. Tuttora, mantiene saldi i legami col suo Paese d'origine. «Le mie radici sono lì, e non toccatemi la Nazionale di calcio del Camerun!», s'accalora.

Il colpo di genio imprenditoriale risale al 2001: ha pensato a un'azienda per rispondere alle esigenze di chi ha lasciato la propria terra in cerca di fortuna. Esigenze che lui conosce molto bene, avendole sperimentate sulla propria pelle. Così, ha messo su una società di servizi per immigrati, Ethnoland. Dopo due anni, aveva già quarantadue dipendenti assunti, di cui il 22 per cento italiani. La sua azienda fornisce prodotti che vanno dalla telefonia alla consulenza, dalle assicurazioni all'editoria. Negli Ethnoland Point, fin dagli inizi, entravano più di settemila immigrati al giorno. «Assumere personale italiano», spiega Bitjoka, «presenta molti vantaggi. Elimina, soprattutto, i problemi di lingua nei rapporti con l'esterno».

Ma anche per gli italiani lavorare per uno straniero, oltre che una semplice necessità è, spesso, una grande opportunità. Molti restano affascinati dalle culture con cui vengono a contatto. All'inizio, c'è qualche timore. Soprattutto al momento in cui l'italiano apprende, ad esempio, che il suo datore di lavoro è un cinese. Dopo, in molti riconoscono d'essersi trovati con «persone forse migliori di tanti imprenditori italiani».

Hu Xia Ti e Ji Zhaohui, racconta sempre Perazzolo, sono una giovane coppia di imprenditori che, in pieno quartiere cinese, a Milano, hanno allestito uno studio di consulenza aziendale. Nella scelta dei dipendenti badano soprattutto ai requisiti professionali. «Alcune delle persone a cui abbiamo fatto il colloquio», dicono con ironia, «quando si sono resi conto che avevano a che fare con due cinesi, avrebbero volentieri alzato i tacchi. In realtà, le differenze di costumi tra cinesi e italiani emergono solo nell'ambito domestico, mentre al lavoro abbiamo la medesima mentalità».

«Non mi fanno rabbia gli stranieri che creano imprese, ma quelli che chiedono l'elemosina invece di lavorare», dice una giovane italiana impiegata in una lavanderia di Fidenza gestita da Serhiy Burdenyuk, un ucraino, per conto del titolare che è un lituano, Serhij Sukhimim. «Lavorano sodo e hanno piglio imprenditoriale», dice la stessa impiegata.

Imprenditrice sì, ma nel suo Paese d'origine, pur lavorando in Italia. Badante a Lecco, regina in Ghana. La testa in Italia e il cuore nel Paese africano. Una bella storia, raccontata da Martino Spadari sul «Corriere della Sera» (17 gennaio 2010). Belinda Comfort Damoah appartiene a una famiglia che, da secoli, regna su una povera terra, nel Nordest del Ghana, dove vivono settantamila persone. Belinda è una «regina in trasferta». Vive a Malgrate, vicino Lecco, fa l'infermiera in una casa di riposo di Maggianico. Dal 2003 è regina, dopo la morte della nonna, che aveva la corona. È volata a Suma, nel Ghana, per la cerimonia di incoronazione, ma è tornata subito in Italia, carica d'una nuova e pesante responsabilità: fare qualcosa per aiutare il suo popolo a migliorare le sue condizioni economiche e di vita.

Così, ha messo a punto un progetto imprenditoriale per aumentare la produttività dell'anacardo, frutto che nel suo «regno» nasce spontaneo. Con gli aiuti del Mida (Migration for Development in Africa) e dello Iom (International Organization for Migration), che aiuta gli immigrati a far crescere l'economia nel Paese d'origine, Belinda mette assieme 60.000 euro, pochi in Italia ma sufficienti in Ghana per avviare una piccola impresa. Oggi dà lavoro a quattrocento persone. Ma i programmi non si limitano alla coltivazione dell'anacardo, ci sono nelle previsioni un impianto di irrigazione e la costruzione di una scuola e di una piccola clinica. Belinda torna due volte all'anno nel suo regno, in Ghana, per rivedere la sua gente e controllare i progetti di sviluppo. Ma aiuta anche i «sudditi» presenti in Italia. Perché, come canta un detto della sua terra: «È la mamma che sa cosa dare ai propri figli». Lei questo lo fa, sia come badante-infermiera in Italia, sia come regina del suo popolo in Ghana.

Le storie simili sono tantissime. Altre se ne aggiungono ogni giorno. C'è l'imprenditore edile, chi fa il restauratore, il manutentore di caldaie o il piastrellista. Mazlum Hasa, ad esempio, macedone, cresciuto al suo Paese a «pane e cazzuola», perché figlio di muratori, dopo aver lavorato in alcune imprese decide di mettersi in proprio, con il fratello e alcuni dipendenti. Dopo due anni di gavetta, l'azienda decolla, assume una ventina di persone, italiani inclusi, e si specializza in ristrutturazioni edilizie.

Ma c'è anche Ashraf, egiziano: dopo alcuni anni di lavoro in Italia come saldatore e, poi, in una ditta di manutenzione di caldaie, si mette in proprio e apre, con successo, un centro assistenza. Oppure Zlatic, bosniaco, che dopo aver lavorato «sotto padrone» come piastrellista («finché non ho messo insieme due parole di italiano», ricorda), apre un'azienda di pavimentazione. O anche Mostafà, iraniano, «figlio d'arte» di un mestiere raffinato, cioè restauratore di arazzi e tappeti persiani antichi, diventato uno dei più ricercati artigiani del settore. Ha aperto un negozio e ha clienti in tutt'Italia. E molte richieste anche dall'estero.

O, infine, Luz Adriana Povera, colombiana, arrivata clandestina in Italia, con una laurea in Amministrazione aziendale, che oggi è titolare di un'impresa di pulizie a Milano, con una trentina di dipendenti. La «Adriana pulizie», la sua azienda, assume anche in tempi di crisi, ha più di duecento clienti e sette mezzi di trasporto. «La soddisfazione più bella», dice, «è quando pago tutti i miei dipendenti, perché so che con quei soldi vivono tante famiglie».

Come si dice, «di acqua n'è passata tanta sotto i ponti», da quando molti immigrati sbarcati sulle coste d'Italia, stipati sulle carrette del mare, si ritrovano ora sulla plancia di comando di piccole e medie aziende. Il fiorire di attività economiche, fondate e gestite da stranieri, è il segnale più evidente della fase matura del fenomeno immigrazione. Quella di Thierno Sall, il «senegalese bergamasco», è una delle tante storie della fase matura dell'immigrazione, che Corrado Giustiniani racconta del suo libro *Fratellastri d'Italia* (2003). «Sì, certo, ho venduto gli accendini, per strada», racconta Thierno Sall. «È stato il primo lavoro che ho fatto in Italia. Solo per due giorni, però, poi ho detto basta. Mi tremavano le gambe. Non a provare a venderli, perché ero ben in grado di farlo. Ma a implorare lo stesso mille lire dal signore di passaggio, anche se rifiutava gli accendini. Questo no. La carità non l'ho mai chiesta. Grazie lo stesso, cugino Dame, perché appena sono arrivato a Milano mi hai accolto in casa e mi hai offerto questo lavoro. Grazie per la tua *teranga*, l'ospitalità che è sacra per noi che siamo del Senegal.

Ho quarantadue anni, adesso, e grazie a Dio ce l'ho fatta. Ne sono passati dieci dalla notte in cui, da clandestino, varcai le montagne fra Nizza e Ventimiglia. Ce l'ho scolpita nella mente e nel cuore, quella data: il 17 marzo 1993. Sono stato fortunato, oggi faccio l'imprenditore. Sono presidente della Sencop, una piccola cooperativa di facchinaggio e pulizie aziendali che ha sede a Ciserano, in provincia di Bergamo. Sencop vuol dire poi Senegal cooperativa. Non avrò una grande fantasia, ma quello è il nome che mi batte nel cuore.

Ho avuto anche l'onore di essere il presidente dell'Associazione dei senegalesi bergamaschi, un club con ben mille iscritti. Collaboro con le autorità di Bergamo per mettere in piedi iniziative di formazione professionale sul posto, in Senegal, in modo che qui vengano lavoratori che abbiano già un mestiere, e non siano costretti a vendere gli accendini per strada. Abbiamo cominciato con i muratori; io vorrei continuare con i saldatori, perché ce n'è un grande bisogno. In Senegal sono stato nominato consigliere comunale onorario della città sacra di Touba».

Secondo Otto Bitjoka, presidente di Ethnoland: «Chi si dichiara disponibile all'accoglienza di un'immigrazione di qualità deve essere aiutato a capire che tale immigrazione si trova già sul posto. Bisogna adoperarsi, perciò, perché gli immigrati contino di più come lavoratori, come imprenditori e come cittadini. In un Paese che non riesce ad attirare investimenti dall'estero e dove, ogni anno, vengono meno di mille imprenditori, una rete più ampia con gli altri Paesi può essere costituita tramite gli immigrati, che sono, già di per sé, un collegamento con i Paesi d'origine. E possono diventarlo ancora di più, grazie alle loro aziende. Superando la diffidenza nei confronti degli stranieri, bisogna abituarsi a pensare che convenienza economica e solidarietà possono andare di pari passo».

Il miglior imprenditore straniero dell'anno

Si chiama Radwan Khawatmi, siriano, vive in Italia da 39 anni. A lui è andato il principale riconoscimento del Premio all'imprenditoria immigrata in Italia. È stato giudicato il «migliore imprenditore straniero dell'anno». La giuria, composta da «Sole 24 Ore» e Università di Roma e presieduta da Giuseppe Morandini di Confindustria, gli ha conferito il Money Gram Award 2009, premio istituito da Money Gram, una società di trasferimenti internazionali di denaro.

Khawatmi, 56 anni, è nativo di Aleppo, in Siria. Da sempre ha avuto una passione per l'Italia, attratto dal culto della civiltà romana. Da Aleppo, con una nave russa, sbarca a Napoli nel 1969, e sceglie Parma come sede universitaria per i suoi studi. In tre mesi impara l'italiano, frequentando un corso tenuto dai padri salesiani. Si laurea in Economia, comincia a lavorare all'Indesit di Torino, dove si innamora del *Made in*

Italy, che vuol dire, come racconta lui stesso: «conoscere il prodotto e la sua storia, amarlo e saperlo vendere». Passione che applica con grandi capacità persuasive nei Paesi arabi, dove vende frigoriferi, entrando in concorrenza con gli americani della Westinghouse, che avevano una specie di monopolio. Negli anni Ottanta si mette in proprio. Nel frattempo, porta anche in Iran il *Made in Italy*, facendo assemblare lì le lavatrici. Oggi, è a capo di un impero multinazionale. Il suo gruppo Hirux esporta elettrodomestici in Medio Oriente e fattura 60 milioni di euro l'anno, con tre stabilimenti in Siria, Algeria e Iran e un centro direzionale nel nostro Paese, con dipendenti italiani e stranieri perfettamente integrati.

All'impegno imprenditoriale aggiunge la passione politica, fondando un movimento di stranieri, chiamato «Nuovi italiani». Al riguardo, intervistato da Francesco Anfossi per «Famiglia Cristiana» (n. 24/2009), esprime con chiarezza le sue idee: «Vuol sapere la verità? Gli immigrati non sono né di destra né di sinistra. Della destra non sopportano le pulsioni xenofobe; della sinistra si ricordano, troppo bene, i regimi comunisti dei Paesi d'origine. Mi sto battendo per la legge che dia loro diritto di voto. Ormai, siamo vicini. Lo impone L'Europa. L'Italia ha già recepito una direttiva europea, prima o poi dovrà applicarla. Vedrà come saranno corteggiati gli immigrati, da destra e da sinistra. In dieci anni, gli extracomunitari in Italia passeranno da quattro milioni e mezzo a più di sette milioni».

Khawatmi interviene, con lucidità, nel dibattito sulla presenza degli immigrati in Italia: «Si parla sempre di sicurezza e mai di quattro milioni e mezzo di stranieri che rispettano questo Paese. E, soprattutto, lo amano. Due milioni di immigrati lavorano nelle imprese italiane e versano, ogni mese, 640 milioni di euro nelle casse dell'Inps. In cambio non ricevono nulla, perché la loro età media va dai 22 ai 32 anni. È falso dire che rubano il posto ai 'vecchi italiani'. Semmai li sostituiscono. In Italia ci sono settecentocinquantamila badanti straniere, e coloro che raccolgono frutta nei campi sono tutti extracomunitari. Lo stesso vale per le concerie. Mentre nell'edilizia hanno preso il posto dei leggendari carpentieri bergamaschi, andati in pensione. Non si tratta, quindi, di quattro farabutti che delinquono, ma di sviluppo e di vita».

Sorprendente il suo rapporto coi politici locali. In una delle sale del quartier generale di Khawatmi c'è un quadro della battaglia di Legnano, col Carroccio in primo piano. Gliel'hanno regalato gli «amici leghisti». Quelli che non volevano la moschea a Parma. Lui li ha invitati a casa sua, ha aperto il Corano e letto il versetto su Maria, spiegando che non si può essere veri musulmani se non si crede in Cristo e in Maria. Il segretario locale della Lega s'è messo a piangere. Così è nato il «Patto della moschea a Parma». «L'integrazione», dice, «è un problema di cultura e di conoscenza. Solo la Chiesa cattolica conosce a fondo l'islam. Sa che è una religione di amore e di pace. Ad Aleppo, la mia città d'origine, convivono le cupole delle moschee e delle chiese, una vicina all'altra. È questa l'unica via».

Interpellato dall'«Informazione di Parma» (2 febbraio 2009) sullo sciopero degli immigrati, Radwan Khawatmi s'è detto pienamente d'accordo sulle ragioni. «La crisi, che ha coinvolto tutti i comparti dell'economia, ha avuto pesanti ripercussioni sui lavoratori. Ma a pagarne le conseguenze maggiori sono i lavoratori extracomunitari. Vogliamo sollecitare il governo italiano a una politica più equilibrata nei confronti dell'immigrazione».

E ha aggiunto: «Non a tutti è chiaro il contributo degli stranieri. Lavoratori giovani che pagano le tasse e versano i contributi, che vanno già a favore dei pensionati italiani. Mentre loro hanno un lungo cammino di lavoro prima di percepire la pensione. Attualmente, solo duecento la percepiscono. Una grande massa critica che, a fronte di doveri, si trova spesso solo offese gratuite. O un ministro della Repubblica italiana che li vuole rispedire tutti a casa. Per non parlare dei maiali davanti alle moschee o dei lager in Sicilia per poveri disgraziati fuggiti dalle guerre nei loro Paesi».

«E, al tempo stesso», denuncia, «si sono messi sul tavolo 5 miliardi di euro per un dittatore come Gheddafi perché controlli le coste. Noi non solo condanniamo, ma appoggiamo le forze dell'ordine nell'espulsione, senza ritorno, di chi delinque. Ma perché nessuno parla degli aspetti positivi, della dedizione, dell'impegno economico e sociale degli stranieri?». Infine: «I miei 'amici' della Lega, prima o poi, capiranno che siamo loro compagni su una lunga strada, verso un domani migliore per la 'nostra' Italia. Devono capire che noi siamo contro l'immigrazione clandestina, ma non lasceremo cadaveri galleggiare nel Canale di Sicilia».

Il suo sogno? «Un ministero dell'Immigrazione. Lo rivendichiamo perché sarà utile per il nostro Paese. Così, il fenomeno dell'immigrazione sarà trasformato in risorsa per l'Italia».

Non sono «inclini alla criminalità»

Troppo facile associare gli immigrati alla criminalità. È il primo pensiero che viene a molti. Li si guarda con diffidenza e sospetto. I pregiudizi si sprecano, alimentati da chi ha interesse a farlo. La paura della criminalità accresce il senso di insicurezza degli italiani. Difficile, in questo clima, ritenere gli immigrati una risorsa.

Da una ricerca del 2009 di *Dossier* Caritas-Migrantes e Redattore sociale (*La criminalità degl immigrati: dati, interpretazioni, pregiudizi*, a cura di Franco Pittau e Sergio Trasatti, pubblicata nella *Guida per l'informazione sociale* del 2010) risulta che circa sei italiani su dieci sono convinti che la presenza degli immigrati in Italia abbia determinato, direttamente, un aumento della criminalità. La gente considera gli stranieri come una minaccia per l'incolumità personale e i propri beni. Dicono, anche, che il modo di vivere degli immigrati difficilmente è conciliabile con la nostra vita. Percezioni e sensazioni diffuse. Ma non hanno riscontro nella realtà. E nei dati. Pregiudizi, senza fondamento. Certo, non bisogna lasciarsi condizionare dai toni allarmistici, ma è altrettanto realistico non sottovalutare le paure della gente. Anche quando sono irrazionali, enfatizzate da giornali e Tv oppure strumentalizzate dai politici.

Non corrisponde al vero, ad esempio, che l'aumento della criminalità è direttamente proporzionale all'aumento della popolazione straniera. Le due cose non vanno di pari passo. Dal 2001 al 2005, infatti, le denunce contro gli immigrati sono aumentate del 46 per cento, mentre la popolazione straniera è cresciuta del 101 per cento. Dati confermati anche da Banca d'Italia. Non esiste, in Italia, un'emergenza criminalità. Perché non ci distinguiamo, in negativo, a livello europeo. Da anni, le denunce penali sono in calo. Il livello attuale (poco più di due milioni e mezzo di denunce) è pari a quello dei primi anni Novanta, quando cominciava l'immigrazione di massa.

Gli immigrati regolari, se confrontati per classi d'età con gli italiani, hanno lo stesso tasso di criminalità. E forse, anche, con più attenuanti. Che non vuol dire cedere alla giustificazione. Anzi. Si tratta di non stigmatizzarli come «inclini alla criminalità». Vanno considerati la loro precarietà, l'esposizione alle necessità materiali, l'esclusione sociale, il coinvolgimento nella criminalità organizzata, anche come conseguenza di leggi che restringono gli spazi di ingresso e soggiorno regolari. Se queste fossero più agili e funzionali, forse si eviterebbe una delle occasioni più ricorrenti di infrazione penale. Non ci sarebbe bisogno di dover procedere, periodicamente, alle regolarizzazioni. Più della metà degli attuali quattro milioni e mezzo di residenti è passata per le vie dell'irregolarità. Come erano irregolari, fino al mese di agosto 2009, le trecentomila collaboratrici familiari, prima della domanda di regolarizzazione.

Anche gli immigrati delinquono. E occorre vigilare e far rispettare le leggi. Con fermezza. Come si dovrebbe fare sempre, anche nei confronti dei nostri connazionali. Il problema della criminalità straniera è serio. Certi giudizi, però, vanno ridimensionati. Gli stranieri sono diventati «capro espiatorio» di tanti disagi sociali. Un grave errore. Oltre che ingiusto.

«Senza trascurare il contrasto delle azioni criminose», affermano Pittau e Trasatti, «è necessario un impegno rinnovato per promuovere la cultura della legalità, che non si esaurisce nella normativa penale, nei tribunali o negli interventi delle forze dell'ordine. E neppure nelle carceri, che sono, oltretutto, costose. È necessaria l'attuazione di politiche sociali più inclusive, sollecitando l'apporto delle stesse collettività immigrate, senza le quali il preteso rigore penale, seppure dispendioso, è votato all'insuccesso».

E aggiungono: «La criminalità deve essere duramente contrastata, perché offusca le valenze positive dell'immigrazione, sulle quali a più riprese è ritornato il presidente della Repubblica, Giorgio Napolitano. E la parola d'ordine deve essere: integrazione. La Germania, solo a partire dal 2005, s'è definito, formalmente, un Paese di immigrazione. E, da allora, s'è incamminata decisamente sulla via dell'integrazione, con programmi e mezzi adeguati. Un esempio virtuoso da seguire».

Semmai, c'è da dire che gli immigrati, associati sempre all'idea di criminalità, evidenziano il basso livello di legalità del nostro Paese. Come dimostrano le assunzioni in nero, il ricorso al caporalato, l'evasione fiscale, l'inosservanza delle norme contrattuali, il mancato riconoscimento delle qualifiche professionali. Naturalmente, da parte dei datori di lavoro italiani. Lo dimostrano le tante storie di «ordinario sfruttamento» di extracomunitari.

I nuovi «schiavi d'Italia»

«Viviamo in una casa del padrone, dove non c'è riscaldamento, né il bagno. L'acqua la prendiamo in una fontana pubblica a cinque chilometri di distanza. Oltre ai soliti dolori muscolari, soffro anche d'ansia, perché non so come provvedere a mia figlia e alla mia famiglia». È la denuncia di Husseini (il nome è di fantasia, per non esporlo a vendette), proviene da Bor nel Sudan meridionale. Uno dei tanti braccianti stagionali, che lavorano nelle campagne del nostro Sud. Della loro situazione intollerabile, di vera e propria schiavitù, s'è occupata l'associazione Medici senza frontiere (Msf). «Tre anni fa, nello stendere il primo rapporto», confessa uno dei coordinatori, Loris De Filippi, all'inviato di «Famiglia Cristiana» Luciano Scalettari (n. 5/2008), «facevamo fatica a chiamarli schiavi. Ma è così. È intollerabile».

Nel loro rapporto *Una stagione all'inferno* (2007) descrivono situazioni di grave emarginazione, privazioni, sfruttamento. Gli extracomunitari vivono in strutture abbandonate, dormono per terra sopra un cartone o un lurido materasso. Non hanno nessun contratto di lavoro e vengono pagati a cottimo o a giornata. Il loro compenso, talora, va da 26 a 40 euro al mese. Non hanno tessera sanitaria e si ammalano facilmente, per le cattive condizioni in cui sono costretti a vivere. Una situazione sanitaria e umanitaria allarmante, prima ancora che un problema di clandestinità o di regolarizzazione. Il bisogno di lavoro li spinge ad accettare salari sempre più bassi. Fin quando servono, li si lascia girare liberi nelle campagne. Finito il raccolto, si chiede alle forze dell'ordine di cacciarli via. Sfruttati e sfrattati da un sistema crudele, che fa profitti sulla loro disperazione. E sulla loro pelle, solcata di lacrime e sangue. Allucinanti le testimonianze.

Eccone alcune, tra quelle riportate da Luciano Scalettari. Abdullai, 20 anni, del Mali, mostrando il casolare diroccato dove vive: «Qui stiamo malissimo, senz'acqua e luce, andiamo in bagno in mezzo allo sporco. Spesso non abbiamo da mangiare. E durante l'inverno rischiamo di morire di freddo». Hassan, marocchino, racconta: «Lavoro in una serra. Anche quando il padrone usa prodotti chimici, dobbiamo entrare subito. Spesso ho bruciore agli occhi e prurito, adesso ho problemi alla pelle. Ci pagano poco. E qualcuno non paga per niente. Siccome siamo senza documenti, non possiamo fare nulla. E poi, la notte, non posso uscire, perché ci sono ragazzi italiani che ci attaccano con bottiglie di vetro. Ci insultano. Alcuni di noi sono stati picchiati. Abbiamo paura anche ad andare all'ospedale o alla polizia. Anch'io sono stato malmenato due volte».

Mohamed, invece, è stato investito da un trattore mentre raccoglieva pomodori. Il datore di lavoro s'è rifiutato di portarlo al pronto soccorso e l'ha minacciato perché non parlasse dell'incidente.

«Tutti sanno e tutti tacciono», si legge nel rapporto di Medici senza frontiere. Sono chiamati in causa istituzioni, enti locali, forze dell'ordine, ispettorati del lavoro, associazioni di categoria e di tutela. «Pur di lavorare, queste persone accettano paghe da fame e sono costrette a condizioni di povertà ed esclusione estreme. La loro situazione è un nervo scoperto. Ipocritamente nascosto. Tutti vedono, perché le catapecchie dove vivono sono lungo le strade principali. E il luogo di raduno dove trovano i 'caporali', che assumono a giornata, sono nella piazza del paese. Ma tutti tacciono».

Vita da bestie, forse peggio

Altra parte d'Italia, stessa situazione. Siamo a Rosarno, comune di quindicimila abitanti, in provincia di Reggio Calabria, dove vivono più di cinquemila immigrati. È la terza zona d'Italia più popolata di stranieri, in rapporto alla popolazione locale, dopo Napoli e Foggia. Questa la testimonianza dell'inviato di «Famiglia Cristiana» Roberto Zichittella (n. 51/2008): «Ho visto centinaia di uomini vivere come bestie, forse peggio. Al freddo e all'umido. Riparati solo dai cartoni. Intossicati dal fumo dei fuochi che accendono per riscaldarsi. I più fortunati si riparano sotto un tetto. Altri non hanno neppure quello. Mangiano poco e male. Lavorano come schiavi, senza diritti. Li ho visti nella Piana di Gioia Tauro, in Calabria. Sono gli uomini senza i quali, a dicembre, non troveremmo sulle nostre tavole arance e mandarini. Hanno attraversato il deserto africano e poi, su barche di fortuna, il Mediterraneo. Qui lo Stato non c'è. Questi uomini hanno percorso migliaia di chilometri e hanno avuto la sfortuna di trovare lavoro in una terra spolpata dalla criminalità e devastata dall'abusivismo. Chi mai si prenderà cura di questi africani?».

Qui, a Rosarno, all'inizio di gennaio 2010 è scoppiata la rivolta. Il clima di xenofobia e ostilità ha dato il via alla caccia allo straniero, nelle campagne della piana. Proprio lì, dove due immigrati vengono gambizzati da ignoti, colpiti da pallini di pistole e fucili ad aria compressa. E altri due stranieri sono feriti a sprangate e bastoni. Questa la miccia, che ha fatto scoppiare l'incendio. Non solo metaforico. Auto distrutte e date alle fiamme, cassonetti divelti: così comincia la guerriglia urbana. Immigrati e abitanti di Rosarno, ferocemente opposti.

Non tutti gli abitanti di Rosarno, per fortuna, hanno dato man forte alle «ronde spontanee». I più esagitati urlano: «Difendiamo la nostra città e le nostre case. Siamo a caccia degli africani. Se vogliono lavorare, restino. Ma se non c'è lavoro, devono andare via». Intervengono le forze dell'ordine, in massa, per sedare gli scontri. Per giorni l'Italia, ancora avvolta nel clima delle feste natalizie, è in fibrillazione. Ma la caccia all'immigrato fa il giro del mondo.

Il bilancio finale conta decine di feriti, tra gli immigrati e le forze dell'ordine. «Quello che è avvenuto», ha detto il presidente della Regione Calabria Agazio Loiero, «è il frutto di un clima di intolleranza xenofoba e mafiosa, che non riguarda, ovviamente, la popolazione di Rosarno, giustamente allarmata per la situazione di tensione che si è determinata con la rivolta degli extracomunitari sfruttati, derisi, insultati e feriti. Auspico che dal ministero dell'Interno arrivi una forte iniziativa che, tutelando i cittadini di Rosarno, tuteli anche quei tanti disperati contro cui si è indirizzata la violenza criminale» («Corriere della Sera», 10 gennaio 2010).

Per placare l'ondata di violenza, cui non è estranea la 'ndrangheta, gli immigrati, di notte e scortati dalle forze di polizia, caricati su pullman, sono costretti ad andare via. Per paura. Lasciano, forse definitivamente, il centro agricolo calabrese, alla volta dei centri di accoglienza di Crotone e Bari. Sui fatti, il ministro dell'Interno Maroni ha idee chiare: «Lì c'è una situazione difficile, come in altre realtà, perché in tutti questi anni è stata tollerata, senza fare nulla di efficace, un'immigrazione clandestina, che ha alimentato da una parte la criminalità, e dall'altra ha generato una situazione di forte degrado». Non ha dubbi: «Dietro la guerriglia urbana degli immigrati, per protestare per il ferimento di loro connazionali, c'è il lassismo delle politiche immigratorie» («la Repubblica», 11 gennaio 2010).

Dichiarazioni che accendono altri «fuochi». E suscitano la protesta del ministero degli Esteri egiziano, che denuncia la campagna di aggressione e le violenze subite dagli immigrati e dalle minoranze arabe e musulmane in Italia. Severa la condanna della Santa Sede, dei vescovi italiani, di tanti preti e associazioni di volontariato. Di ritardi e negligenze parla monsignor Marchetto. «Si potevano e si dovevano trovare prima delle soluzioni. Per non arrivare a questo punto. Sono fatti dolorosi dovuti alla situazione disumana in cui vivono i lavoratori stranieri in quelle zone. Dove ci sono anche atteggiamenti xenofobi e razzisti, che favoriscono reazioni inconsulte» (Ansa, 8 gennaio 2010). Monsignor Schettino della Cei parla di segni di sofferenza e degrado, che spingono a condannare la violenza e a considerare l'estremo disagio e le difficoltà di questa gente, che non ha sostegno né umano né economico. E il direttore della Caritas locale, don Ennio Stamile, sottolinea: «Mai giustificare la violenza, ma il disagio degli immigrati è dovuto alle situazioni di sfruttamento in cui vengono costretti a vivere» («la Repubblica», 9 gennaio 2010).

Solidarietà alla sofferenza dei migranti africani, tenuti in stato di schiavitù, hanno espresso i missionari comboniani di Caserta e Napoli. «L'affermazione del ministro Maroni», hanno scritto, «come missionari ci indigna. Riteniamo che la situazione di sfruttamento e di degrado civile e umano dei migranti a Rosarno sia la prima causa di tale violenza. La violenza è di chi li costringe a vivere nei ghetti, di chi li sfrutta nei campi, di chi li tratta come animali. Quel che non possiamo accettare è considerare come merce da sfruttare i migranti clandestini. Non si può giocare con la disperazione delle persone disposte a tutto pur di guadagnare qualcosa». E concludono: «Noi missionari riteniamo fondamentale perseguire la ricerca di soluzioni positive, non dettate dalla paura, ma dalla volontà di riconoscere gli immigrati clandestini come persone, rispettate nella loro dignità, che possono contribuire alla crescita del Paese e della società» («Noi non siamo animali», comunicato sui fatti di Rosarno).

La sintesi della rivolta di Rosarno l'ha fatta, a Messa, il parroco dell'Annunziata: «Fratelli», ha detto il sacerdote, «in questi giorni abbiamo perso tutti. Hanno sbagliato i fratelli neri, ma anche noi. Chiediamo perdono per il male fatto». Durissima la stampa estera verso l'Italia. Giudizi che pesano, negativamente, sull'immagine del Paese nel mondo. Accuse a tutto campo. Senza appello. L'inglese «The Economist» ha parlato di «caccia ai neri»: «È stata messa in atto una pulizia etnica di una velocità, cattiveria e completezza balcaniche». Lo spagnolo «El País» scrive, apertamente, di «razzismo in Calabria». E prosegue: «Il silenzio del governo italiano sui fatti di Rosarno legittima la violenta espulsione degli immigrati».

Fuori dal coro, provocatore come sempre, il direttore del «Giornale», Vittorio Feltri. «Anziché ai negri», scrive il 10 gennaio 2010, «sparate ai mafiosi». «Se i calabresi», si legge, «combattessero la 'ndrangheta con la stessa foga con cui si ribellano agli immigrati, risolverebbero i problemi della loro Regione. Ma preferiscono i criminali agli africani che sgobbano al loro posto. Peccato». Perché non sparano sulla 'ndrangheta? È solo una questione di rapporti di forza. «Gli extracomunitari», continua Feltri, «sono poveri e debolissimi, brutti e sporchi: bersagli ideali. Mentre la criminalità organizzata, che tiene in scacco le forze dell'ordine e lucra sul lavoro della gente di qualsiasi colore, è forte, violenta e vendicativa. E, quindi, conviene non toccarla». Per una volta, paradossalmente, verrebbe da sottoscrivere le parole del polemico direttore del «Giornale».

Agli antipodi di Rosarno, stesso sfruttamento. «La bresaola valtellinese? Buonissima. Un po' indigesta, però, se si sapesse che, in alcune aziende, a farla sono stranieri in 'prestito lavorativo'. Schiavizzati a 5 euro l'ora». La denuncia è di Luigi Ferrarella sul «Corriere della Sera» (2 gennaio 2010), che porta altri esempi: «I metalli in un'azienda di siderurgia? Ben lavorati, seppur da operai in affitto, che in diciannove venivano ammassati nello stesso tugurio, quando non lavoravano quattordici ore al giorno. E i facchini della cooperativa di trasporto? Efficienti, nonostante il vitto da fame, peraltro addebitatogli con la decurtazione di 220 euro al mese dallo stipendio».

Da un lato, pakistani sfruttati. Dall'altro, aziende italiane «utilizzatrici finali» dello sfruttamento. Ufficialmente ignare delle condizioni dei lavoratori. In mezzo, un uomo d'affari pakistano, che «con pugno di ferro gestisce gli stranieri sfruttati, e con guanto di velluto permette alle aziende italiane di sollevarsi da consapevolezze e responsabilità».

E, per finire, la parola al ministro dell'Interno: «Gli stagionali non creano problemi, ma non ci saranno quote per gli altri». Così ha detto, a marzo 2009, Roberto Maroni, accogliendo un emendamento alla legge sulla sicurezza. Che «impegna il governo a valutare la possibilità di sospendere per due anni l'attuazione di nuovi decreti flussi, con particolare riguardo ai settori produttivi interessati dalla crisi economica in atto». Il decreto stagionali autorizzerà ottantamila ingressi. I lavoratori, ha ricordato il ministro, potranno rimanere in Italia «al massimo per nove mesi per lavori in agricoltura e nel settore del turismo. Sono lavoratori che vengono tutti gli anni, coi quali c'è un rapporto di grande correttezza. Soprattutto, c'è l'impegno delle associazioni di categoria a controllare che poi, al termine del contratto, ritornino nel Paese d'origine».

Ma non prevedere più i flussi, cioè le quote di lavoratori dall'estero (i permessi sono per i pochi con il posto fisso e il contratto a tempo indeterminato), rischia di far aumentare l'area della clandestinità.

L'onda multicolore in classe
L'integrazione parte dai banchi di scuola

Niente esami senza permesso di soggiorno

Anche tra i banchi di scuola serpeggia la discriminazione. E il razzismo. Ma non da parte dei ragazzi. Loro, forse, non sanno di che si tratta. Non fanno differenze in base al colore della pelle, della nazionalità, della religione. Tanto meno badano alla regolarità di documenti e permessi. Sono gli adulti a creare situazioni inaccettabili. Invece di garantire parità di trattamento per tutti. E aiutare chi ha più difficoltà.

Inutile ignorarlo. L'ondata migratoria ha scombussolato il mondo della scuola. Una percentuale sempre più alta di alunni stranieri affolla le aule scolastiche. Un problema che, per l'impreparazione della scuola e l'improvvisazione della politica, si sta trasformando in incubo per le famiglie italiane. Temono contraccolpi al normale cammino d'apprendimento per i loro figli, rallentato dall'arrivo di piccoli stranieri con scarsa o scarsissima conoscenza della lingua italiana.

L'Italia è Paese di «recente immigrazione». Il passaggio da nazione di emigranti a terra di immigrazione è stato repentino. Forse troppo brusco. Ci ha colti impreparati, rispetto a nazioni di «antica immigrazione». L'Italia non ha sperimentato né studiato modi d'accoglienza organici, nell'arco di questi anni. Forse non ha la volontà di farlo, immaginando che la storia inverta il suo percorso. O sperando che l'immigrazione vada a infrangersi contro i muri innalzati, o si arresti per timore delle motovedette militari, che sorvegliano le vie del mare. Così, si procede tra improvvisazione e caos. I provvedimenti sono più frutto del caso che d'uno studio serio, che metta in campo le risorse necessarie. Prevale la fiducia, superficiale, nello «stellone». Si spera, ancora una volta, che con gli immigrati ci vada, comunque, bene.

Al surplus d'inventiva e creatività si antepone la via della repressione e dell'esibizione muscolare. La forza della ragione latita. Non si tiene conto della realtà, in parte, irreversibile. Che va affrontata con la collaborazione di tutti: scuola, famiglia e immigrati. Gli appelli a improbabili circolari per sbarrare il passo agli stranieri a scuola non hanno senso. In un istituto professionale di Padova, una preside ha chiesto agli alunni extracomunitari di portare, prima degli esami, il permesso di soggiorno. Non c'è norma che lo preveda. Non ci ha pensato nemmeno il pacchetto sicurezza del governo. Anzi, la legislazione in vigore prevede, esplicitamente, che «i minori stranieri presenti sul territorio nazionale abbiano diritto all'istruzione, indipendentemente dalla regolarità della posizione in ordine al loro soggiorno, nelle forme e nei modi previsti per i cittadini italiani».

E si dice ancora: «L'iscrizione dei minori stranieri nelle scuole italiane di ogni ordine e grado avviene nei modi e alle condizioni previsti per i minori italiani. L'iscrizione può essere richiesta in qualunque periodo dell'anno scolastico». Inoltre: «I minori stranieri privi di documentazione anagrafica, ovvero in possesso di documentazione irregolare o incompleta, sono iscritti con riserva».

Riserva che «non pregiudica il conseguimento dei titoli conclusivi dei corsi di studio delle scuole di ogni ordine e grado», come viene specificato sempre dalla legge vigente. Il diritto all'istruzione prescinde dall'avere o meno il permesso di soggiorno. Nessuno può chiedere certificati, soprattutto se la richiesta è fatta in base a differenze etniche. È palese discriminazione. Inaccettabile. Un salto indietro, nel campo dei diritti. A maggior ragione, oggi, in una società multietnica, dove la presenza straniera a scuola non passa inosservata. Come avveniva qualche anno fa.

Il «meticciato fecondo»

Sui banchi di scuola siedono alunni di centonovanta nazionalità diverse. Lì imparano a leggere e scrivere. Ma anche a conoscersi e rispettarsi. Nel dialogo e nello scambio reciproco, abbattendo pregiudizi e paure. La scuola, se ben vissuta, è palestra di convivenza. Forma i cittadini di domani. E dà «gambe» alla democrazia del Paese. L'integrazione fatica ad avere piena cittadinanza nelle aule parlamentari. È più facile sui banchi di scuola. Basta assecondarla, lasciandosi «contaminare» dal «meticciato fecondo» delle aule scolastiche. Dove ognuno, nel rispetto della propria identità, storia e tradizioni, dà e riceve qualcosa da chi proviene da culture differenti.

«Creare ponti con gli altri», ha scritto l'ex ministro dell'Istruzione Giuseppe Fioroni, «significa accrescere il dono che ognuno può fare all'altro. E così anche approfondire la propria cultura e favorire un mondo più giusto, equilibrato e basato sul rispetto reciproco. È questo l'approccio che permette di rafforzare la propria identità culturale e poi promuovere la conoscenza delle culture di gruppi etnici diversi, così da superare i noti stereotipi nei confronti delle diversità. Ma anche le note concezioni 'etnocentriche' della superiorità di una cultura rispetto alle altre» («Famiglia Cristiana», n. 13/2006).

I nuovi ponti dell'interculturalismo non abbattono quelli vecchi. Non sottraggono nulla a lingua, tradizioni e identità. Aggiungono, semmai, qualcosa in più. Nessuna perdita, ma solo arricchimento. Anche se il cammino è duro e non facile. Ma non c'è altra via praticabile, per una convivenza pacifica. L'alternativa, cioè la separazione o la discriminazione, metterebbe a rischio la nostra stessa sicurezza. Per non dire dell'impoverimento culturale. Che non possiamo permetterci.

Importante che lo capisca anche la politica

Non possiamo fare a meno degli stranieri. Lo dicono i numeri. Anche se la politica chiude gli occhi, e non ci pensa. Altrimenti, comincerebbe a chiedersi che Italia sarà quella dei prossimi anni. Come attrezzarsi per affrontare il futuro. E con quali «lungimiranti» politiche. Cominciando a riflettere, seriamente, anche sul calo demografico. E su come invertirlo.

Al 1° gennaio 2009, il totale della popolazione italiana era di sessanta milioni. Per l'esattezza 60.17.000.677 persone. Di cui, come s'è detto, il 7 per cento sono cittadini stranieri residenti in Italia. Rispetto all'anno precedente, gli immigrati sono cresciuti del 13,4 per cento. E, in genere, sono più giovani degli italiani.

I sessanta milioni della popolazione italiana, tutto sommato, erano un traguardo quasi incredibile solo vent'anni fa, quando si temeva il calo demografico perché nascevano meno bambini, uno o al massimo due per famiglia. La risposta è arrivata da oltre frontiera, con quell'immigrazione impetuosa che a molti fa paura e ad altri fa comodo. «Nessuno di noi, chiamato per mestiere a guardare lontano, lo aveva immaginato», confessa il professor Antonio Golini, uno dei più noti demografi italiani. «Soltanto una quindicina d'anni fa, esistevano segnali di declino clamorosi. Da un lato, la popolazione italiana continua a invecchiare; dall'altro, si insiste nel considerare gli stranieri come merce e non come persone, materie prime da importazione a costo zero, anche se così si innesca un'autentica bomba sociale a orologeria. Se non interviene il legislatore, esploderà con conseguenze devastanti. Finora non è accaduto solo grazie al volontariato e all'oculatezza delle autorità locali» («la Repubblica», 31 dicembre 2008).

I minori figli di genitori stranieri, in Italia oggi, sono 862.000. Un decimo della popolazione minorile. Nella maggior parte dei casi sono nati in Italia. E, giustamente, la considerano la loro patria. I nuovi nati in Italia da entrambi i genitori stranieri, nel 2008, sono stati 72.000.472, e hanno inciso per il 12,6 per cento sulle nascite totali registrate in Italia. A questi si aggiungono altri 40.000 minori venuti a seguito di ricongiungimento familiare. Tra nati in Italia e ricongiunti, il

2008 è stato l'anno in cui i minori, per la prima volta, sono aumentati di oltre 100.000 unità.

L'età media degli stranieri è di 31 anni, contro i 43 degli italiani. Tra i cittadini stranieri, gli ultrasessantacinquenni sono solo il 2 per cento. L'immigrazione è anche una ricchezza demografica per la popolazione italiana, sempre più vecchia, e con un tasso di anzianità davvero accentuato. Ma è una risorsa anche per i comuni con meno di cinquemila abitanti, ripopolati grazie alla presenza degli stranieri.

Gli alunni figli di genitori stranieri, nell'anno scolastico 2008/2009, sono stati quasi settecentomila su un totale di 8.943.796 iscritti. E incidono per il 7 per cento. L'aumento annuale è stato del 10 per cento, pari a 54.800 unità. L'incidenza più alta si registra nelle scuole elementari (8,3 per cento), mentre a livello regionale le punte si hanno in Emilia Romagna e Umbria, dove viene superato il 12 per cento. Al Sud e nelle isole si scende al 2 per cento appena. La Regione con più alunni stranieri è la Lombardia con 137.485 studenti. Gli alunni nomadi sono 12.500. Di questi studenti stranieri uno ogni sei è romeno, uno su sette albanese, uno su otto marocchino. Davvero, «un mondo in classe», una miriade di nazionalità. Ma si tratta di alunni stranieri per modo di dire, perché quattro su dieci (il 37 per cento) sono nati in Italia. Il rapporto sale a ben sette su dieci tra gli iscritti nella scuola dell'infanzia. «Per costoro», ricorda il *Dossier* Caritas-Migrantes 2009, «la lingua, spesso invocata come motivo di separazione, non costituisce un ostacolo. E così potrebbe essere anche per i ragazzi ricongiunti nel corso dell'anno, a condizione di potenziare le misure di sostegno per l'apprendimento dell'italiano».

«Questi ragazzi», continua il *Dossier*, «condividono coi coetanei italiani comportamenti, gusti, consumi, incertezze esistenziali. Soprattutto, le ragazze puntano all'emancipazione economica e individuale, spesso con conseguenti strappi con la famiglia e le tradizioni d'origine».

Nelle università italiane la presenza straniera è ridotta, a differenza di quanto si riscontra nei grandi Paesi europei. È straniero (o perché venuto appositamente dall'estero o perché figlio di genitori stranieri residenti in Italia) solo uno ogni trentacinque iscritti. Con una concentrazione molto alta negli atenei di Roma, Bologna, Torino, Firenze e Padova. In tutto, gli universitari esteri sono 51.803, dei quali più di 10.000 immatricolati nell'ultimo anno. Le facoltà cui si orientano, con maggiore frequenza, sono Economia e Medicina. Nel 2007 si sono laureati 5.842 stranieri. È probabile che molti di questi ritorneranno nei Paesi d'origine.

Si dice «classi ponte», si legge «ghetto»

All'inizio erano «classi differenziate», per suddividere la scuola italiana in aule per bambini italiani e per gli stranieri. Poi si è passati alle «classi ponte». Nomi gentili, per celare infelici provvedimenti, tesi a separare più che a integrare. Ma non erano soddisfatti neppure gli alleati di governo: il pensiero andava a «sinistri ricordi», luoghi separati, classi di serie A e di serie B. Occorreva un ritocco. Almeno nella forma e nei termini. Ma la sostanza restava immutata: togliersi dai piedi gli immigrati, rendere loro difficile la vita. A partire dai piccoli stranieri che frequentano le nostre scuole. È passata, infine, la formula: «classi di inserimento», che ha scongiurato una spaccatura nella stessa maggioranza di governo.

Eppure l'onorevole Roberto Cota, della Lega, ha detto: «La mia proposta serve a prevenire il razzismo e punta a realizzare una vera integrazione. Sono cose che avvengono nella maggior parte dei Paesi europei, che hanno costituito luoghi di apprendimento separati per i bambini immigrati. Le classi di inserimento servono per affrontare, senza preconcetti, il problema dell'insegnamento a bambini e ragazzi stranieri nelle nostre scuole. Chi non conosce la lingua italiana non può seguire i nostri programmi scolastici, ed è giusto che affronti un corso intensivo per poter essere al pari con gli altri studenti» («Corriere della Sera», 15 ottobre 2008).

Si partiva dalla premessa che, in classi comuni, i piccoli immigrati non solo non imparano, ma rallentano l'apprendimento degli altri bambini, quelli italiani. Obiezioni e critiche non hanno modificato l'opinione. «Proposta abietta, che inserisce la discriminazione nella scuola», ha detto Piero Fassino, autorevole politico dell'opposizione (Corriere della Sera.it, 8 ottobre 2009). «Dio ci scampi dall'idea che possano esserci classi separate. Sono un atto di chiusura, di odio. Lo straniero crescerà in un clima di estraneità e di rabbia», ha ammonito Walter Veltroni, già segretario del Partito democratico, intervenendo su Youdem, la Tv del Pd. Molti hanno ribattezzato le classi di inserimento come i «ghetti» o gli «apartheid» della scuola italiana. Anche nella maggioranza, c'è stato chi ha fatto notare: «L'idea sarà anche buona, ma la formulazione risulta alquanto infelice», ha detto Italo Bocchino, vicepresidente dei deputati del Pdl («Corriere della Sera», 15 ottobre 2008).

Il testo approvato a Montecitorio (mozione del 14 ottobre 2008), comunque, impegna il governo a «rivedere il sistema di accesso degli studenti stranieri alla scuola di ogni ordine e grado, autorizzando il loro ingresso, previo superamento di test e specifiche prove di valutazione». Ma non finisce qui. Perché la mozione impegna, altresì, il governo a «non consentire, in ogni caso, ingressi nelle classi ordinarie oltre il 31 dicembre di ciascun anno, al fine di un razionale e agevole inserimento degli stessi nelle nostre scuole». Prevede, inoltre, «una distribuzione degli studenti stranieri proporzionata al numero complessivo degli alunni per classe, per favorirne la piena integrazione e scongiurare il rischio della formazione di classi di soli alunni stranieri».

Le buone intenzioni, se non accompagnate da proposte di reale integrazione, non bastano. Anzi, paradossalmente, c'è il rischio di favorire l'evasione dell'obbligo scolastico. O l'avvio precoce al lavoro minorile e allo sfruttamento per accattonaggio ai semafori e agli incroci delle strade.

«Risposte sbagliate a problemi reali di inserimento degli stranieri», così titolava un «Primo piano» di «Famiglia Cristiana» (n. 43/2008), esprimendo riserve su quel provvedimento. Soprattutto, contro lo spirito che lo anima, che non è di inclusione, a integrare, ma per escludere. Anche se ammantato di ragioni all'apparenza di buon senso.

«La Lega cavalca l'onda e va all'arrembaggio dell'immigrato», comincia il testo. «La fantasia padana non ha più limiti, né pudore. Prima le impronte ai bambini rom, poi il permesso a punti e i 200 euro per il rinnovo, poi l'impedimento dei ricongiungimenti familiari, e ora una mozione, avanzata a sera tardi in Parlamento, per le classi differenziali, col pretesto di insegnare l'italiano agli stranieri. Il problema dell'inserimento degli stranieri a scuola è reale, ma le risposte sono 'criptorazziste', non di integrazione.

Chi pensa a uno 'sviluppo separato' in Italia sappia che quel concetto in altra lingua si chiama 'apartheid', andata in scena in Sudafrica per molti anni: autobus, cinema e scuole separati. L'onorevole Pier Ferdinando Casini ha parlato di proposta vergognosa: 'Di questo passo, andrà a finire che ai bambini delle classi separate cuciranno sul vestito la lettera 'i' come immigrato'. E il 'Secolo d'Italia', quotidiano di Alleanza nazionale, nel tentativo di frenare la Lega, ha scritto: 'Scordatevi l'apartheid'.

La questione dell'italiano è solo una scusa. Tutti sanno che le cosiddette 'classi di inserimento' non sono efficaci. I risultati migliori si ottengono con classi ordinarie e con ore settimanali di insegnamento della lingua. In Italia questo, in parte, avviene. Lo prevedono le 'Linee guida' 2006 dell'allora ministro Letizia Moratti per l'accoglienza degli alunni immigrati, approvate anche dalla Lega. C'è un progetto che prevede un finanziamento di 5 milioni di euro per insegnare tre diversi livelli di lingua italiana. Il governo potrebbe rispolverarlo. Oppure, guardare a esperienze come quella di Firenze, dove un pulmino passa a prendere i bambini stranieri a scuola, li porta ai corsi di italiano e poi li riporta in classe.

La mozione, poi, va letta fino in fondo. Prevede che i bambini immigrati, oltre alla lingua italiana, debbano apprendere il 'rispetto di tradizioni territoriali e regionali', della 'diversità morale e della cultura religiosa del Paese accogliente', il 'sostegno alla vita democratica' e la 'comprensione dei diritti e dei doveri'. Qualcuno sa dire come spiegarlo a un bambino di cinque-sei anni, che deve ancora apprendere l'italiano?

Se l'integrazione è un bene, perché tutti la vogliono almeno a parole, deve essere interattiva. Allora, perché non insegniamo agli alunni italiani il rispetto delle 'tradizioni territoriali e regionali' degli immigrati? Ha detto bene il cardinale Angelo Scola, patriarca di Venezia: 'I buoni educatori devono saper favorire l'integrazione tra le culture, che è una ricchezza per tutti'. Il rischio, altrimenti, è una società spaccata in due, di cui una con meno diritti dell'altra.

Alle difficoltà reali si risponde con proposte adeguate, come s'è fatto col maestro di sostegno. In Italia non abbiamo più classi speciali per portatori di handicap. Ci sono scuole dove sordi e muti stanno insieme a chi parla e sente. La mozione approvata dal Parlamento fa scivolare, pericolosamente, la scuola verso la segregazione e la discriminazione. Si dice 'classi ponte', si legge 'classi ghetto'.

Negli anni Sessanta, quando bambini napoletani, calabresi o siciliani andavano a scuola a Novara, nessuno s'è sognato di metterli in una 'classe differenziale' perché imparassero italiano, usi e tradizioni del Nord, né di far loro dei test d'ingresso. Perché ora ci prova il novarese onorevole Cota?».

Alunni stranieri? Basta intendersi su chi sono

A far dibattere e mettere in subbuglio il mondo della scuola ci ha pensato, all'inizio di gennaio 2010, il ministro dell'Istruzione Mariastella Gelmini, con la proposta del tetto del

30 per cento di alunni stranieri per classe. A partire dal prossimo anno scolastico, in modo graduale, cominciando con la scuola primaria, poi la secondaria e quella di secondo grado.

«Basta con le classi ghetto», ha detto il ministro. «Stabilire un tetto è un modo utile per favorire l'integrazione, perché grazie a questo limite si evita la formazione di classi con soli alunni stranieri. Non è un problema di razzismo, ma soprattutto didattico». Tutto scritto, nero su bianco, nella circolare dell'8 gennaio 2010 intitolata: «Indicazioni e raccomandazioni per l'integrazione di alunni con cittadinanza non italiana».

«I nostri istituti», assicura il ministro, «sono pronti ad accogliere tutte le culture e i bambini del mondo. Allo stesso modo, la scuola italiana deve mantenere con orgoglio le proprie tradizioni storiche e insegnare la cultura del nostro Paese. I bambini stranieri devono essere inseriti nelle classi con i bambini italiani per evitare, come accade in molte città, che si formino scuole e classi composte solo da stranieri. Per potersi integrare al meglio» («Corriere della Sera», 9 gennaio 2010).

«Tetto al 30 per cento»: facile a dirsi, più problematico realizzarlo. Gli uffici scolastici potranno apportare le modifiche che riterranno necessarie, ricorda il ministro. Il limite potrà essere spostato in base a esigenze locali. Intervistata da Lucia Annunziata nel programma televisivo *In ½ ora*, la Gelmini ha fatto un'importante dichiarazione. Quasi un riconoscimento della cittadinanza degli stranieri in Italia. Su richiesta della giornalista, il ministro ha precisato che il tetto non include i figli di immigrati nati nel nostro Paese, che parlano un italiano perfetto, con risultati scolastici migliori dei nostri figli. È straniero, secondo il ministro, chi non capisce l'italiano. E, per questo, è tagliato fuori e condannato all'ignoranza e alla discriminazione. Solo questi casi, bisognosi di aiuti straordinari, rientrano nel 30 per cento. Gli altri, qualunque sia l'origine dei loro padri, sono già «integrati». Come dire, sono già italiani e non più stranieri.

Le reazioni alla circolare Gelmini non si sono fatte attendere. Non tutte sono negative. Anche se il provvedimento è stato giudicato difficile da gestire. Soprattutto in assenza di risorse adeguate per gli interventi di sostegno. Affermare il principio «no a classi ghetto» è sacrosanto. Come renderlo praticabile? Come stabilire quali alunni rientreranno in quel 30 per cento? Con quali criteri e priorità? E degli altri che ne sarà, dove andranno? Il cammino è seminato di ostacoli. C'è il rischio che la proposta resti nel limbo delle buone intenzioni. Perché, per integrare, ci vogliono soldi. E risorse umane. Come si concilia con la politica dei «tagli selvaggi» a scuola, che va in senso inverso?

Interpellato da Radio Vaticana, il presidente della Commissione Cei per l'educazione cattolica, monsignor Diego Coletti, vescovo di Como, ha definito la circolare Gelmini «una scelta prudenziale e rispettosa, che punta a garantire un'opportunità di integrazione». Ma ha precisato: «Non basta questo a risolvere il problema, nel senso che la presenza anche solo di un 30 per cento di alunni extracomunitari richiede agli insegnanti una preparazione e una collaborazione che, forse, merita investimento di risorse adeguate, nel senso delle persone e degli strumenti attivi per un'educazione adeguata alle loro esigenze».

Monsignor Mogavero, vescovo di Mazara del Vallo, città della «tolleranza» e dell'integrazione, fatte più sui banchi di scuola che sui pescherecci, dove lavorano molti tunisini, incalza: «Come gli immigrati della mia città, percepisco un certo disagio quando si parla di integrazione. Per loro il termine è ambiguo, perché spesso ne nasconde un altro, che è omologazione. È chiaro che se vogliamo avviare un'operazione seria di avvicinamento e di scambio generazionale dobbiamo creare classi a maggioranza italiana, dove lo scambio e la conoscenza reciproca siano davvero possibili. La proposta del governo, in questo senso, mi sembra una buona base di partenza. In alcune situazioni, però, il tetto potrebbe essere punitivo, in altre promozionale. Come limite medio mi parrebbe abbastanza accettabile. Si tratta solo di un primo passo.

Per il resto, siamo nel campo delle opzioni pedagogiche. Saranno gli esperti e il dibattito pubblico a verificare e suggerire miglioramenti» («Corriere della Sera», 9 gennaio 2010).

In un comunicato, il presidente dell'Unicef Italia, Vincenzo Spadafora, impegnato su tutto ciò che riguarda l'infanzia, sulla circolare Gelmini ha detto: «Non si comincia dal tetto per costruire l'integrazione culturale. Occorre partire dalle fondamenta e lavorare sulla base del progetto di società che si vuole costruire. L'integrazione degli alunni con cittadinanza non italiana è un elemento fondamentale per fare sì che il Paese sia in grado di garantire i diritti a tutti i bambini e adolescenti, senza discriminazione».

Al ministro Gelmini Spadafora ha chiesto di «riconvocare, quanto prima, l'Osservatorio nazionale per l'integrazione degli alunni stranieri e l'educazione interculturale, istituito nel 2006, che da tempo ha smesso di operare, per poter elaborare progetti adeguati che tengano conto delle esigenze di tutti. A cominciare da quelle famiglie, italiane e straniere, di cui occorre analizzare le preoccupazioni e dare risposte concrete in merito all'educazione e al rendimento scolastico dei propri figli. Senza strumentalizzazioni e discriminazioni».

Il laboratorio linguistico? Un sogno

Le polemiche seguite alla mozione della Lega sulle classi di inserimento per gli alunni stranieri sono state soffocate dall'onda di scioperi degli studenti. Resta il problema di un inserimento efficace e armonico degli alunni stranieri. Una delle sfide più importanti del nostro tempo. Comunque la si pensi. O la si voglia risolvere. In alcune scuole, la percentuale di stranieri in classe supera l'80 per cento. E le famiglie italiane fuggono. C'è il rischio di avere intere scuole etichettate come di serie B. Nonostante molti di questi bambini, nati da noi, parlino bene l'italiano. Addirittura con l'inflessione dialettale della città dove vivono.

Dove l'inserimento scolastico funziona, è solo grazie alla buona volontà di insegnanti e presidi. Spesso lasciati soli e con scarse risorse. Ancora oggi un laboratorio linguistico permanente, per l'inserimento graduale di chi non conosce l'italiano, nella maggior parte delle scuole è un sogno.

Classi aperte e corsi pomeridiani

«Mary Aline è arrivata l'anno scorso dall'India. Sta bene con i compagni di classe e se la cava discretamente con l'italiano parlato, ma non riesce ancora a scriverlo. Va molto bene per Fosia, che è somala ma ha frequentato la materna in Italia. Mentre Linda e Francesco, cinesi, sono nati qui e al pomeriggio vanno in una scuola privata per imparare a leggere e scrivere anche nella loro lingua madre». Questi, alcuni dei casi dell'inchiesta di Simonetta Pagnotti per «Famiglia Cristiana» (n. 6/2009). Siamo in una terza elementare della scuola «Lorenzo de' Medici» di Campi Bisenzio, comune alle porte di Prato, con quarantacinquemila abitanti, di cui 8.500 sono stranieri. Qui vive una comunità cinese, impegnata nel tessile e nella pelletteria, così numerosa che il Comune ha istituito un apposito assessorato.

L'indiana Mary Aline, la somala Fosia e i cinesi Linda e Francesco frequentano una classe multietnica esemplare, da manuale. In un circolo scolastico che conta 1.600 alunni, di cui il 25 per cento stranieri, di diciassette etnie diverse: arabi, cinesi, ucraini, polacchi, romeni... Come nelle altre scuole della cittadina. Dove, però, le percentuali degli stranieri, in alcune classi, superano il 40 per cento.

«Nella mia scuola», dice la direttrice Ornella Mercuri, «ho un centinaio di alunni di prima alfabetizzazione, inseriti senza sapere una parola d'italiano. L'apprendimento della lingua è solo uno degli aspetti dell'integrazione. Tutto il nostro progetto educativo è improntato all'accoglienza e al reciproco rispetto. Quando avevo in organico insegnanti 'a disposizione', riuscivo a organizzare corsi intensivi di italiano. Adesso le risorse sono scarse e ci dobbiamo arrangiare». Come? «Con un mediatore esterno che viene a scuola tre volte la settimana per un totale di dodici ore e lavora, a piccoli gruppi, con gli allievi di 'livello zero'. Poi ci sono i pacchetti di venti ore degli insegnanti interni che seguono, in orario pomeridiano, i bambini già alfabetizzati per la lingua scritta e delle singole discipline».

Non esistono ricette miracolose per l'integrazione. Solo strategie differenti. Comunque, a Campi Bisenzio non succede quel che si vede in altre città del Nord. Qui le famiglie di alunni italiani non ritirano i figli dalle classi con alte percentuali di stranieri. Anzi, sono convinti che la loro presenza è una ricchezza, un valore aggiunto. Ne è certa Rita Manzani Di Goro, presidente dell'Age, Associazione genitori della Toscana: «Noi preferiamo l'inserimento diretto in classe, perché siamo convinti che ne vada del nostro futuro. Gli stranieri devono accettare le regole fin dai banchi di scuola, e i nostri figli devono capire che anche loro hanno un valore».

Classi aperte, corsi pomeridiani di potenziamento e altro: solo qualche esempio per mostrare che una risposta positiva è possibile a problemi reali di inserimento. Avviene a Campi Bisenzio, con ottimi risultati. E in altre parti d'Italia. Senza ricorrere a odiose forme di discriminazione. Se non di vero e proprio razzismo contro i più piccoli.

Il miglior investimento? Mettere latte nei bambini

Pensare di combattere l'emarginazione creando classi speciali per gli stranieri è solo un'idea bizzarra, che si alimenta più di «mala fede» e convenienza politica che di sincera convinzione. Dalle classi differenziate alla circolare del ministro Gelmini, qualche passo avanti s'è fatto. L'imposizione non risolve il problema, che va lasciato decidere ai capi di istituto e al corpo docente. Secondo l'autonomia scolastica e le reali esigenze della scuola. Le percentuali fisse lasciamole ai teoremi matematici. Sono i presidi, le maestre, gli insegnanti e il personale scolastico a operare per un'effettiva integrazione. Pur nelle difficoltà della globalizzazione. Come raccontano le storie raccolte a Milano, Roma e Asolo dagli inviati di «Famiglia Cristiana» Carlo Remeny, Guglielmo Nardocci e Alberto Laggia (n. 40/2009).

«Da noi ci sono molti bambini che non hanno mai visto il mare, che non hanno mai fatto vacanze, che descrivono la visita della classe al parco cittadino come il più bel giorno della loro vita». Così confessa l'insegnante Lina di una scuola a due passi da piazzale Loreto a Milano, dove abbondano i bambini giunti da ogni angolo del pianeta. Nella sua classe sedici su ventiquattro sono stranieri. Ma gli insegnanti non demordono, si fanno davvero in quattro per assicurare condizioni di accoglienza vera. La differenza la fanno la loro tenacia e dedizione. Assieme alla fantasia. Come quella degli insegnanti che hanno realizzato, con le rispettive classi, tre cartoni animati ispirati a una storia persiana, a una cinese e a un'altra africana. Così i ragazzi apprendono a vivere con gli altri e a rispettarsi. Ma c'è anche un concorso di poesia contro il razzismo. Ahlam e Sabrina hanno scritto: «*È bello avere la pelle diversa come i fiori / avere nel mondo persone di tutti i colori*».

Per i nuovi arrivati, quei bambini stranieri che piovono in classe ad anno scolastico avviato, che non sanno l'italiano, la «facilitatrice» Mirella Paola Stirpe spiega: «Sono venti delle elementari quelli che hanno bisogno di sostegno per l'italiano, a diversi livelli. Avranno a disposizione sette ore la settimana, su un programma di quaranta, per attrezzarsi al punto da essere in grado di seguire le lezioni nell'arco di tre-quattro mesi». L'anno scorso, l'istituto disponeva di due insegnanti di sostegno per l'italiano. Oggi, ne resta solo uno, l'altro è caduto «vittima» dei tagli scolastici. Eppure, diceva Winston Churchill: «Non c'è investimento migliore che mettere latte nei bambini».

«Cuori senza confini»

È il nome di uno dei tanti progetti didattici di Brunella Marcelli e Michele Marinaccio, insegnante di lettere lei, di educazione artistica lui, all'istituto «Daniele Manin» di Roma, in una borgata ad alta densità di immigrazione. A scuola, è la loro convinzione, le differenze razziali e religiose le fanno i grandi, perché pensano in piccolo. Ma non i bambini, per i quali nulla è più naturale che giocare coi propri compagni.

Sul tema dell'incontro tra mondi e culture diverse hanno coinvolto i ragazzi in un vero e proprio cantiere artistico, realizzando murales e pitture. «Noi insegnanti», dice Brunella Marcelli, «abbiamo potuto toccare con mano come il lavoro in squadra, per un obiettivo comune, può sviluppare collaborazioni produttive e un forte senso di solidarietà, che supera sterili competizioni, differenze culturali e linguistiche, barriere e, naturalmente, anche pregiudizi». E ancora: «È un lavoro di relazione faticoso, ma bisogna cercare dei momenti d'incontro, perché ciascun alunno possa progredire rispetto al livello di partenza, evitando episodi di rigetto e intolleranza. Diventa una priorità assoluta se si vogliono preparare dei cittadini consapevoli, con un alto livello di coscienza civica».

I risultati si sono visti. È cresciuto il numero dei ragazzi italiani all'istituto. Negli anni passati c'era stata la fuga. Allora il rapporto con gli alunni stranieri era di tre a dieci. Ora è di cinque a cinque. «Evidentemente», dice Michele Marinaccio, «hanno capito che i risultati scolastici non soffrono della presenza dei bambini immigrati. Anzi, c'è un arricchimento maggiore. In questo, ci ha aiutato moltissimo un'associazione di genitori, che ha contribuito ad abbassare il livello di diffidenza verso gli stranieri».

Gli alunni di queste classi sembrano la pubblicità di Benetton, come amano dire scherzando. Sono responsabilizzati a prendersi cura dei nuovi arrivati. Compito che svolgono con estrema serietà. Nella matematica, ad esempio, incubo di generazioni di italiani, eccellono gli alunni dei Paesi stranieri che insegnano ai nostri ragazzi. I cinesi, in particolare, coi numeri sono veri geni. L'esempio dell'istituto «Manin» di Roma non è passato inosservato. Dalla provincia di Trento sono scesi una trentina di insegnanti a prendere appunti. Scambiare esperienze è fondamentale. Speriamo lo capiscano anche al ministero.

Dove un bambino non è mai straniero

«*Sòlo una raza, la raza humana*». Questo slogan campeggia sulla parete dietro la scrivania del preside. Nel corridoio della scuola c'è un grande albero affrescato, dove le foglie sono le bandiere delle nazioni e il tronco ha i colori dell'iride. Qui la multietnicità è un'opportunità e non solo un problema. L'integrazione? Un valore, non un onere in più. Siamo in una scuola di Asolo, nel cuore della Marca trevigiana leghista dove, secondo studi della Caritas, gli immigrati sono meglio accolti e integrati.

Il preside Orazio Colosso dà subito la parola ai ragazzi e ai loro temi. Scrive Nazime, alunna macedone: «Il mio rapporto con i compagni italiani è molto speciale. Mi accettano per quello che sono, e non mi escludono mai dal gruppo. Anche se qualcuno, ogni tanto, mi chiama 'cecena', mi fanno sentire come una di loro. Quando vado fuori, invece, mi sento indifesa, soprattutto quando mi offendono o fanno battute, perché non so mai come rispondere. E se rispondo, mi urlano in faccia: torna da dove sei venuta» («Famiglia Cristiana», n. 40/2009).

In questa scuola, oggi, su un migliaio di studenti duecentoquaranta sono stranieri, quasi il 23 per cento. Soltanto nel 1998 l'istituto contava trecento studenti in meno. Allora gli stranieri erano dodici. «Qui, come in tutto il territorio provinciale ad alta presenza di immigrati», dice il preside, «ci siamo da tempo dati una politica, una formazione e strumenti per l'integrazione di questi ragazzi. Insomma, quando arriva un bambino straniero sappiamo cosa fare, nonostante i mezzi sempre più risicati messi a disposizione dal ministero. Se riusciamo a tenere in piedi i corsi di 'italiano zero' per gli alunni che sono in Italia da meno di due anni, è solo perché facciamo i miracoli con qualche ora aggiuntiva e i pochi fondi dell'istituto».

Nella stessa scuola c'è anche un Centro territoriale permanente (Ctp) per l'educazione degli adulti, con corsi di lingua italiana, soprattutto per le donne straniere. Vi hanno partecipato centododici donne provenienti da una trentina di Paesi diversi. Le migliori hanno affrontato, con successo, l'esame di licenza media. «Quel che più conta», dice il preside, «è che, così, si aiutano queste donne a integrarsi nel territorio, a riscattarsi socialmente. Ma, soprattutto, essendo mamme dei bambini che frequentano le nostre classi, a convincersi che la scuola è fondamentale per il futuro dei loro figli».

Su duecentoquaranta alunni definiti «stranieri», in questo istituto, solo il 59 per cento è nato all'estero; quelli nati in Italia sono il 41 per cento. Nelle elementari, tra i più piccoli sono decisamente di più gli stranieri nati in Italia: circa il 54 per cento.

Il preside lascia l'ultima parola a un'alunna di prima media, Lucrezia: «Mio padre è figlio di emigranti, nato nella Svizzera tedesca dove il nonno lavorava negli anni Sessanta. Nonostante fossero ben inseriti, spesso veniva schernito dai compagni svizzeri con frasi poco simpatiche e con l'appellativo di 'cincalo', che significa zingaro. Questo mi ha fatto molto pensare che tutti possiamo essere stranieri se chi ci accoglie non è tollerante».

Luci e ombre della nuova frontiera

Anche la passione dei singoli docenti e le migliori strategie di insegnamento sono messe a dura prova, se la scuola è lasciata sola a lavorare sul fronte dell'integrazione. I tagli all'istruzione e ai servizi sociali fanno il resto. Scarseggiano corsi di alfabetizzazione e mediatori culturali. Intanto, la seconda generazione di stranieri sta riempiendo, sempre più, le aule di alunni non italiani. Con inevitabili polemiche. E qualche insuccesso. Come a Milano, con la chiusura della scuola islamica di via Quaranta. La frequentavano cinquecento bambini di famiglie egiziane, ma non era mai stata autorizzata. Fu chiusa per inagibilità dei locali. E, degli alunni, una parte approdò alle scuole pubbliche. Per gli altri, i genitori preferirono il ritorno in patria.

Di fronte al «balletto scolastico», tra abbandono degli extracomunitari e ritiro dei figli da parte dei genitori italiani, «o si crea un gruppo di insegnanti preparato per l'alfabetizzazione degli alunni stranieri, o sarà un disastro sia per questi che per gli studenti italiani». È netto il giudizio di Giorgio Zucchini, dirigente scolastico di un istituto di Polesella, in provincia di Rovigo. «Non si può inserire in una classe un numero sproporzionato di stranieri, se si è privi di una specie di 'struttura di crisi', che sappia accogliere in classe quelli che non conoscono una parola d'italiano».

Alle carenze della scuola, lasciata sola a gestire il forte impatto degli stranieri, in alcune parti d'Italia c'è una «rete territoriale». Un soccorso che facilita l'accoglienza e l'integrazione. Nel comune di Cavaso del Tomba, in provincia di Treviso, le difficoltà di una prima media di ventisei alunni con quindici stranieri sono state superate grazie alla solidarietà tra i bambini e alla convivenza tra famiglie italiane e straniere. «Il merito», dice il preside Daniele Cunial, «va anche al silenzioso lavoro delle parrocchie e degli oratori. Quella di Cavaso, ad esempio, da tempo organizza momenti di incontro tra comunità, come tornei di calcetto interetnici e 'Feste dei popoli', cui aderiscono volentieri anche i musulmani. I volantini per promuovere le iscrizioni sono pubblicati in macedone, rumeno, arabo, albanese e cinese».

«L'interculturalità e l'accoglienza dell'altro», conclude il preside, «si vivono anche assaggiando i cibi tipici dei diversi Paesi, invitando le donne indiane a sfilare con i loro abiti sgargianti, raccontando le favole degli altri continenti» («Famiglia Cristiana», n. 40/2009).

A Novara pulmino e mensa gratis

In alcune scuole italiane, le classi formate da alunni stranieri sono già realtà. Un dato di fatto. Non più una semplice ipotesi. O una scelta. Col rischio che si trasformino in «scuole ghetto». Soprattutto nelle periferie di città del Nord, come Torino, Milano e Brescia in particolare. Pericolo che riguarda, per ora, le elementari, e che le amministrazioni cercano di scongiurare con iniziative mirate. A Milano il Comune lancia il progetto denominato «Start». Si tratta di quattro istituti comprensivi della città che fungeranno da polo di smistamento delle domande, per evitare concentrazioni eccessive di ragazzi stranieri nelle classi. E, al tempo stesso, per arginare la fuga delle famiglie italiane dalle scuole dove gli immigrati sono numerosi.

Anche la città di Novara s'è mossa in questo senso, praticando la via delle «incentivazioni». All'inizio dell'anno scolastico 2008/2009, nelle scuole elementari di due quartieri novaresi s'è raggiunta la concentrazione dell'80 per cento di bambini stranieri, e molte famiglie hanno minacciato di ritirare i loro figli dalla scuola. «Il nostro approccio non è ideologico», dice il sindaco Massimo Giordano, leghista. «Abbiamo cercato di risolvere l'emergenza convincendo le singole famiglie straniere a spostare i figli in altre scuole. Così facendo, siamo riusciti ad abbassare la percentuale fino al 60 per cento. Adesso, con le nuove iscrizioni, siamo ricorsi a metodi più strutturali. Cioè a una politica di incentivi». Che vuol dire bus e mensa gratuiti per le famiglie italiane in entrata e per le famiglie straniere che accettano di spostare i figli in scuole meno «affollate».

Non tutti gli insegnanti sono d'accordo. E protestano. Il sindaco replica: «Noi non demordiamo, perché la scuola è una cosa troppo importante. Stiamo contattando, una a una, tutte le famiglie. In tempi di crisi, avere la mensa gratis non è certamente cosa da poco. In ogni caso, se questi incentivi non basteranno, ne troveremo altri». E aggiunge: «In una classe dove l'80 per cento degli alunni è straniero non ci può essere vera integrazione. Ci vogliono numeri ragionevoli. È una scommessa che noi vogliamo vincere. Abbiamo dichiarato 'tolleranza zero' per gli stranieri che non rispettano le regole, ma per quelli che vogliono integrarsi davvero la nostra città è aperta e solidale. A cominciare proprio dalla scuola».

Tutta colpa degli immigrati
Vecchi e nuovi diritti di cittadinanza

A Lampedusa, dove finisce l'Europa

«Si incidono sui nostri volti, come stilo sulla creta, i volti dei migranti segnati dal dolore di una violenza che passa dallo stato fisico allo stato psichico: dalla violenza sui corpi alla violenza che svuota i cuori. Volti, quelli dei migranti, che raccontano la paura del passato e della morte sempre in agguato; volti che chiedono libertà; volti che mendicano quella dignità perduta lungo le tracce del tempo presente, che distrattamente li consegna alla storia futura. È così che abbiamo imparato ad ascoltare, capire, conoscere, consolare i volti segnati da storie diverse, ma accomunati dal medesimo dolore».

Sono le parole di don Stefano Nastasi, parroco di San Gerlando a Lampedusa, la maggiore delle isole Pelagie, al centro, in questi ultimi anni, dell'attenzione dei media e della politica nazionale per i ripetuti sbarchi di immigrati dall'Africa.

La storia degli sbarchi a Lampedusa è antica quanto la stessa isola. Ma quel che è avvenuto nell'ultimo decennio, con il crescere dei flussi migratori, richiede una lettura più attenta. Per capire che cosa sta succedendo in quest'isola di seimila abitanti, dal mare più trasparente d'Italia, in mezzo al Mediterraneo: non più continente africano e non ancora terraferma italiana. E quali sono i nuovi bisogni di chi fa la traversata del *Mare nostrum*, a rischio della vita. Al convegno della Caritas, a fine marzo 2009, don Nastasi ammoniva: «È indubbio che sono anacronistiche le improvvisazioni sentimentali, così come fallimentare si rivelerebbe un volontariato naïf. Alle analisi fondate che rinvengono le cause dei problemi devono corrispondere risposte competenti e inedite».

Intervistato da Alberto Bobbio per «Famiglia Cristiana» (n. 14/2009), don Nastasi racconta la storia degli sbarchi e della sua gente, che non ha mai avuto paura di chi veniva dal mare. «Nessuna coscienza, nessuna pianificazione, nessun interesse. Solo accoglienza fraterna. La gente di Lampedusa aveva capito, anni fa, la richiesta d'aiuto del Continente africano». All'inizio l'emergenza l'ha affrontata solo la Chiesa. «Il primo centro di accoglienza è stato opera della parrocchia, espressione della comunità cristiana. Ma, nell'arco di un tempo breve, siamo stati tagliati completamente fuori da ogni forma di assistenza a chi veniva ospitato nel primo centro istituzionale. L'accoglienza è diventata affare di Stato. E nessuno di noi, da quel momento, ha avuto modo di dare il proprio contributo all'integrazione degli immigrati. Il cerchio s'è chiuso in un contesto istituzionale, che non sempre è stato in grado di cogliere gli elementi di una cultura del rispetto».

E concludeva: «Ci consideriamo in stato d'assedio. Abbiamo l'impressione che lo Stato abbia costruito una frontiera contro di noi. Anziché in uno Stato di diritto, ci sembra di vivere in uno Stato di repressione. E ciò offende la nostra dignità di lampedusani, abituati a essere luogo di incontro di popoli e culture». Dall'isola delle Pelagie parte l'appello per un tavolo di riflessione permanente sul Mediterraneo, come crocevia di popoli che si incontrano e si arricchiscono insieme. E per far sì che il *Mare nostrum*, da culla di civiltà e incontro tra le religioni, non si trasformi in luogo di scontro e morte. Un campo di battaglia per una guerra tra poveri.

A Lampedusa si vivono storie drammatiche di corpi straziati, giunti sulle onde del mare e sepolti in una zona del cimitero riservato ai derelitti senza nome. Se ne fa carico, con senso di compassione e misericordia, il guardiano del camposanto. A lui si rivolgono i carabinieri ogni qualvolta trovano un corpo sbattuto dalle onde sulle rocce della scogliera. Per questi poveri disgraziati non ci sono lapidi con foto e nomi. Solo una croce di legno, semplice e povera, come le loro storie. Una croce per tutti. Lui, il guardiano, non sa chi è cristiano e chi appartiene ad altra religione. Se li ricorda tutti, però, quei cadaveri consegnati dal mare. Morti di «mare mare», come dice lui, custode di un cimitero, dove il dolore e la pietà giacciono seppelliti dall'indifferenza. Per colpa di politiche disumane.

A poco sono valse le voci che si sono raccolte, a Lampedusa, nel marzo 2008, per ricordare lacrime e sofferenze di chi attraversa il Mediterraneo su vecchi barconi. E per pregare per le vittime del mare. Nel 2008, secondo i calcoli di Fortress Europe, sono state 642.

Su quest'isola, avamposto di un'Italia che fatica ad accogliere chi viene per fame o fugge da guerre, la Caritas nazionale, per tre giorni, s'è interrogata sulla politica per l'immigrazione. E ha visitato il Centro di identificazione ed espulsione (Cie), voluto dal ministro dell'Interno. L'isola, però, non vuole diventare sede stabile dove i disperati aspettano mesi o anni prima d'essere identificati, dichiarati rifugiati o rimpatriati. «Sì all'accoglienza», dicono gli isolani, «no alla permanenza. Non possiamo essere trasformati in una piattaforma in mezzo al Mediterraneo con tanti clandestini e nessun turista». Perché, sull'isola, la vita è sempre di serie B, a parte la bellezza del mare e della natura, perché mancano servizi necessari e si deve ricorrere alla Sicilia. E se è per nave, mare permettendo.

«Bisogna chiedersi tutti, comunità cristiana e Parlamento», ha detto monsignor Giuseppe Merisi, presidente della Caritas, «se queste modalità previste dalla legge uniscano davvero e in modo efficace accoglienza, legalità e rispetto dei diritti umani». Gli ha fatto eco Francesco Marsico, sempre della Caritas: «Ma è la speranza che qui fatica a trovare una via. Molti immigrati ci hanno chiesto di fare qualcosa per ottenere la libertà. Raccontano storie di soprusi e di fame nei loro Paesi. La libertà è un'aspirazione legittima, ma né noi né il nostro Paese, con la legislazione attuale, possiamo garantirla».

Per evitare la fuga di chi è in attesa d'essere rimpatriato, l'isola s'è ritrovata militarizzata. Fino a centoquaranta poliziotti, centosessanta carabinieri, quaranta finanzieri, novantuno soldati, tra aeronautica e bersaglieri. Gli abitanti di Lampedusa temono che l'isola militarizzata rechi gravi danni al turismo. «Prima eravamo un'isola, ora siamo isolati», dicono. «L'emergenza non si risolve soltanto con le forze dell'ordine».

Anche il vescovo di Agrigento, monsignor Francesco Montenegro, denuncia: «Solo una politica miope alza muri e vuole costruire altri centri a Lampedusa». E chiede alle autorità di smetterla di usare la parola «emergenza» per gli sbarchi. «Ormai è la normalità», dice. «Tanto vale accoglierli e farli ripartire per l'Italia».

L'arcivescovo di Palermo, monsignor Paolo Romeo, osserva: «L'unica carità possibile si chiama accoglienza. Non possiamo permettere che centinaia di stranieri restino per mesi in un Centro sapendo che per loro nessuna porta si aprirà mai». Di fronte alla disperazione, chi sa di non aver più nulla da perdere è tentato di fare qualsiasi gesto. Così si alimentano tensione e protesta. Ma cresce anche la ribellione. Nessuno, poi, crede che la detenzione, in attesa dell'espulsione, scoraggi nuovi sbarchi («Famiglia Cristiana», n. 14/2009).

Aiutiamoli, purché stiano a casa loro

Come luogo comune, niente male. A ogni dibattito, c'è sempre chi s'alza a dire: «Gli immigrati, aiutiamoli nei loro Paesi, così non scappano più da fame e miseria. E non vengono da noi». Idea fatta propria dai politici, che si riempiono la bocca di cooperazione e aiuti internazionali. In politica, la coerenza non è mai stata una virtù. E più si va in alto, peggio è. Così, a solenni proclami e promesse, in sedi internazionali, non seguono mai fatti concreti. Col tempo, ci si rimangia quel poco che era stato promesso. Il primo obiettivo del Millennio, solennemente sottoscritto dalle nazioni e dai capi di Stato di tutto il mondo, al vertice Fao nel 1996, si proponeva di dimezzare la fame nel mondo entro il 2015. Allora gli affamati erano ottocento milioni. Oggi hanno superato il miliardo. Oltre duecento milioni in più. Praticamente, un essere umano su sei.

Ogni giorno, nel mondo, c'è una strage: diciassettemila bambini muoiono di fame. Nessuno ne parla. Sembra vada bene così. I potenti della Terra hanno snobbato la Conferenza mondiale della Fao a Roma, nel novembre 2009. Eppure, basterebbero quarantaquattro miliardi di dollari per debellarla. Poco più di niente, per le grandi nazioni. Ma nessuno tira fuori i soldi. Dicono che c'è la crisi. Stessa ragione non vale per le spese in armamenti. Sempre più sofisticati, sempre più costosi. O per aiutare le banche, che hanno ripreso a trafficare con la «finanza creativa».

Alla Fao s'è presentato solo Benedetto XVI. Per dirc che nel mondo c'è cibo sufficiente per tutti. Se solo si evitassero speculazioni e «ingiustizie strutturali non più tollerabili». E se il commercio mondiale fosse più equo. Ha ricevuto tanti applausi. Solo applausi.

Anche José Manuel Barroso, presidente della Commissione dell'Unione europea, ha ammesso il fallimento nella lotta contro la fame nel mondo. «Una vergogna sul piano morale», ha detto. I vertici internazionali, sotto le luci delle telecamere, «propongono», ma nessun Paese poi «dispone». Neppure l'Italia che, per la Cooperazione allo sviluppo, dà meno di quanto ha speso per organizzare il G8 all'Aquila, celebrato come grande trionfo internazionale. Sempre il solito lamento, o alibi: «Le risorse sono scarse. Ma stiamo provvedendo». Nessuno sa come e quando, ma basta a tacitare gli importuni. Difficile, però, rassegnarsi o consolarsi.

Non se lo possono permettere quei bambini che vorrebbero evitare di vagare per le strade del mondo, senza cibo né tetto. O gli altri piccoli profughi, senza madre né padre (quattordici milioni e mezzo nel 2008). Solo in Italia sono 7.500. La burocrazia li chiama «minori non accompagnati». Esposti a rischi altissimi di abusi, anche sessuali. Non se ne cura nessuno.

«Facciamo appello al suo senso di responsabilità e a quanto da lei affermato, in occasione di importanti summit internazionali, per evitare che l'Italia arrivi al G8 senza credibilità alcuna». Così avevano scritto il 31 ottobre 2008 al presidente del Consiglio, Silvio Berlusconi, associazioni, enti locali e singole persone. Una lunghissima lista di firmatari per scongiurare i pesanti tagli allo Sviluppo, annunciati nella Finanziaria 2009. «Abbiamo assistito», scrivono i firmatari, «all'approvazione di drastici tagli alle iniziative del Ministero degli affari esteri per la cooperazione italiana allo sviluppo, per un ammontare di 170 milioni di euro all'anno a partire dal 2009».

Nonostante la recente crisi finanziaria, fanno notare ancora i promotori dell'appello, diversi Paesi come Francia, Spagna e Germania hanno deciso di rispettare gli accordi presi a livello internazionale. La finanziaria presentata in Parlamento, per il solo 2009, con ulteriori tagli ai fondi per la cooperazione, arriva a una riduzione complessiva delle risorse di 400 milioni di euro. Numeri, questi, che collocano l'Italia all'ultimo posto in Europa per l'Aiuto pubblico e allo Sviluppo dei Paesi più poveri del mondo. Eppure, a conti fatti, centrare gli Obiettivi del Millennio costerebbe meno di mezza tazzina di caffè al giorno per ogni italiano. «Il contributo della cooperazione italiana», si legge ancora nell'appello, «è fondamentale sia alla politica estera del nostro Paese, sia allo sviluppo economico generale».

Appello simile era stato rivolto al nostro ministro dell'Economia, Giulio Tremonti, dall'arcivescovo anglicano di Città del Capo, in Sudafrica, Desmond Tutu, premio Nobel per la pace nel 1984. Lettera che non ha avuto risposta, pubblicata poi su «Famiglia Cristiana» (n. 44/2008). «Una riduzione degli aiuti può fare la differenza tra la vita e la morte nei Paesi poveri», attacca Desmond Tutu. «Mi rivolgo a lei, nella speranza che possa far sì che l'Italia eviti di far ricadere sui poveri del mondo le conseguenze della crisi finanziaria che i Paesi ricchi stanno vivendo. In passato, l'Italia ha fatto la differenza in molti Paesi, fornendo aiuti che hanno consentito a più bambini di andare a scuola, a meno donne di morire di parto e a molti Paesi poveri di ridurre le cause della propria indigenza».

E, come esempio positivo, Tutu porta quello che il nostro Paese ha fatto per il Mozambico. «Paese al quale l'Italia», scrive, «ha donato più di 20 milioni di euro. Il governo è stato capace di investire quei soldi nel campo della salute e dell'istruzione, sollevando molte persone da una situazione di povertà». Memore dell'esperienza diretta che vive in Sudafrica (villaggi senz'acqua potabile, madri che vedono morire i propri figli, privati delle medicine essenziali, bambini che non possono andare a scuola), l'arcivescovo sudafricano ha fatto di tutto per scuotere il nostro ministro dell'Economia, perché riconsideri i tagli alla cooperazione (pari al 56 per cento). E perché dia una speranza a questi Paesi poveri che non vogliono dipendere dagli aiuti per sempre, ma hanno bisogno di fondi per investirli in cure mediche e nell'istruzione. Nella speranza di interrompere il ciclo della povertà.

Anche nel mondo degli affari e della finanza sta crescendo una sensibilità etica. Lo dimostra Banca Intesa con il «Progetto Malawi». «L'Africa non è già condannata, aiutarla si può», dice l'amministratore delegato Corrado Passera, che spiega all'inviato di «Famiglia Cristiana» (n. 22/2006), Luciano Scalettari, perché la prima banca italiana s'è messa a fare cooperazione in Africa. Il suo intento, in dieci anni, è dare al piccolo Paese africano la prima generazione di bambini liberi dall'Aids.

Banca Intesa, assieme a Fondazione Cariplo, ha già investito più di 9 milioni di euro, mettendo assieme quattro associazioni, Comunità di Sant'Egidio, Save the Children, Cisp (Comitato internazionale per lo sviluppo dei popoli) e Scouts del Malawi, con un progetto che si inserisce negli Obiettivi del Millennio dei Paesi dell'Onu, per ridurre la fame nel mondo.

Perché questa iniziativa di cooperazione in uno dei cinque Paesi più poveri della terra? «Perché è bello, giusto e bisogna farlo», dice Passera. «E perché non deve esistere alcuna zona del mondo che venga considerata perduta. Anche se l'Africa, oggi, in alcuni ambienti viene considerata condannata, io sono convinto che non sia così».

Buonismo di facciata? «Anche nel mondo degli affari», ricorda, «sta crescendo una maggiore sensibilità e attenzione a temi che, fino a qualche anno fa, erano considerati no-global, come la crescita sostenibile, le fonti di energia alternative, la lotta alla povertà. Nessuno può negare una certa miopia dell'attuale capitalismo, quando mira a risultati a breve termine e scoraggia gli investimenti sullo sviluppo sostenibile».

«Non ho certo la soluzione per l'Africa», conclude l'amministratore delegato di Banca Intesa. «Non conosco abbastanza le tante diverse realtà; restando, però, al Malawi, mi sembra condivisa la convinzione che ci si debba concentrare, oltre alla lotta all'Aids, su alcune priorità fondamentali come l'acqua, l'energia e l'istruzione. Soffrono di carestie tremende a causa di ricorrenti siccità, pur avendo terre fertili e un lago enorme: bisogna portare l'acqua dove occorre. Anche per questo serve l'energia, che sta alla base di qualsiasi attività economica. Comunque, nessuno sviluppo è possibile senza istruzione, almeno di base. Se si ferma l'Aids e si spinge su queste tre leve, si potrebbe, in pochi anni, moltiplicare l'attuale reddito medio pro capite, che oggi non arriva a mezzo dollaro al giorno, e fermare il calo dell'aspettativa di vita (meno di 40 anni), che è inferiore a quella che, in Europa, avevamo nel Medio Evo».

Così rifioriscono le dune del deserto

I tunisini lo chiamano, con affetto, l'imam cattolico. È don Pietro Sigurani, parroco della Natività di Roma, amico di un religioso islamico, il vero imam, che ha conosciuto trent'anni fa in Tunisia. «In principio furono Pietro, Alì, Beshir e Bel Gazem. E detta così, sembra proprio l'inizio di una Bibbia un po' musulmana e un po' cristiana».

Racconta la storia su «Famiglia Cristiana» (n. 29/2008) l'inviato Guglielmo Nardocci, che ha accompagnato don Pietro nelle dune tunisine per vedere «rifiorire» il deserto di case d'accoglienza.

Siamo a Douz, cittadina a sud della Tunisia, la «porta del deserto» verso le dune del Sahara. Don Pietro vi arrivò nel 1979, e lì incontrò Alì, che diventò suo amico e lo fece innamorare delle dune roventi. All'inizio, nessuno gli dava casa. Prevaleva la diffidenza. Fin quando espose i suoi programmi all'imam Bel Gazem («fra religiosi ci si capisce», pensò), che gli assicurò: «Avrai mille case, perché farai del bene ai nostri figli, li aiuterai, li farai lavorare». E così fu che don Pietro poté impiantare case d'accoglienza, centri di formazione al lavoro per giovani tunisini, fabbriche per la lavorazione dei datteri. Ebbe la certezza che la sua opera aveva messo radici tra le dune del deserto solo quando, un giorno, lo chiamò il capo della polizia. «Per cinque anni abbiamo spiato ogni tua mossa», gli disse. «Ma abbiamo notato che, dovunque vai, preghi. E noi non abbiamo paura di chi prega, perché porta la pace».

Da allora, le iniziative sono cresciute. «Non sono semplici abitazioni», spiega don Sigurani. «E, soprattutto, non sono nostre. Tutto quello che realizziamo lo diamo in proprietà ai tunisini, perché serva loro a vivere meglio e a educare i giovani». Il giorno in cui è arrivato l'inviato di «Famiglia Cristiana» in visita ai Centri, si consegnavano i diplomi ai giovani tunisini del corso per operai specializzati in fibre ottiche. Corsi curati da giovani volontari della parrocchia della Natività di Roma, che insegnano anche l'italiano. «Questi ragazzi volevano andare in Italia a lavorare», conclude don Pietro. «Sanno fare un mestiere e hanno già chi li assume. Peccato che la legge Bossi-Fini non riconosca più una corsia a coloro che vengono con il lavoro e un'istruzione. Ma noi andiamo avanti lo stesso». Un esempio di cooperazione concreta e intelligente. A duplice beneficio dell'Italia e della Tunisia.

Tornando a casa nostra, un progetto toscano, già da qualche anno, si accosta a quello di don Sigurani. Grazie al senegalese Moustapha Lo, responsabile dell'operazione «Ritorno al Senegal», appoggiato dalla provincia di Lucca e dal consolato del Senegal a Firenze. È un patto che coinvolge gli immigrati senegalesi e gli imprenditori toscani. Si propone di far nascere, nel Paese africano, imprese miste. Una sorta di cooperazione decentrata: gli immigrati si formano in Italia e tornano al loro Paese, insieme alle aziende del consorzio, per fare gli imprenditori. Ed essere gli agenti dello sviluppo locale. D'intesa, naturalmente, col governo senegalese, che mette a disposizione i terreni. Investimenti, con ritorni certi. Soprattutto per chi ha capito l'importanza dei legami con l'Africa, nel nuovo millennio.

«Se la clandestinità è reato, viva le ronde!»

«Una legge fatta per la serenità dei cittadini, da me fortemente voluta»: così s'è espresso il presidente del Consiglio, Silvio Berlusconi, all'approvazione del decreto legge sul pacchetto sicurezza, al Senato, nel luglio 2009 (la Repubblica.it, 2 luglio 2009). Si potranno organizzare anche le ronde. Diventa reato l'immigrazione clandestina. Un giro di vite cominciato, l'anno prima, con una serie di proposte assurde e pericolose: come la denuncia per l'immigrato irregolare che va in una struttura pubblica per curarsi. O anche il permesso di soggiorno per iscrivere i figli a scuola o registrare le nascite dei bambini.

L'ingresso e il soggiorno irregolare diventano reato di clandestinità. E la permanenza nei Centri di identificazione ed espulsione (Cie), per verificare la provenienza dei migranti, potrà toccare i diciotto mesi. Prima il limite era di sessanta giorni. Una pena fino a tre anni di carcere è prevista per chi affitta case o locali a clandestini.

«È un passo avanti molto importante per garantire la sicurezza ai cittadini», dichiara Maroni, «padre politico» del provvedimento, in un comunicato del ministero dell'Interno. «Non è un provvedimento razzista». Dura la reazione dell'opposizione. Ma anche della società civile e della Chiesa. «È il prezzo che il governo paga alla Lega», dichiara Franceschini del Pd, «un danno per il Paese. Indebolisce l'immagine, già lesionata, dell'Italia nel mondo». E aggiunge: «Nessuna risorsa in più è destinata alle forze di polizia, mentre passano provvedimenti, come il reato di clandestinità, che rischia di ingolfare il lavoro dei magistrati e di riempire le carceri senza essere un concreto intralcio alla criminalità, che sfrutta l'immigrazione clandestina» (la Repubblica.it, 2 luglio 2009).

«I veri clandestini siete voi. Governo: clandestino del diritto», così l'Italia dei Valori apostrofa i parlamentari della maggioranza (la Repubblica.it, 2 luglio 2009).

Dal Forum del Terzo settore, il portavoce Andrea Olivero avverte: «La legge è un'ulteriore chiusura a quel dialogo tanto auspicato tra istituzioni e società civile». Ferma la reazione della Chiesa. «La nuova legge porterà molti dolori e difficoltà agli immigrati», dice monsignor Marchetto, segretario del Pontificio consiglio per i migranti («Corriere della Sera», 2 luglio 2009). E monsignor Vegliò ribadisce: «I migranti hanno diritto di bussare alle nostre porte. Basta demonizzare e criminalizzare il forestiero. L'arrivo dei migranti non è certo un pericolo. Sbagliato trincerarsi dentro le proprie mura» (la Repubblica.it, 2 luglio 2009).

Per la Caritas interviene don Vittorio Nozza, che ha espresso al ministro Maroni le proprie perplessità: «Il reato di immigrazione clandestina è una misura sproporzionata», gli ha detto, «che finirà per ingolfare il sistema giudiziario e carcerario, senza concreti effetti sul fenomeno. Il rafforzamento dei rapporti con i Paesi d'origine degli immigrati, invece, darà migliori risultati rispetto al pur necessario controllo dei confini marittimi». Più duro, invece, il suo giudizio sulle misure restrittive dei ricongiungimenti familiari: «Sono illegittimi, in quanto contrastano con la Direttiva europea, che ha già determinato la modifica della Bossi-Fini sull'immigrazione. E anche perché la famiglia costituisce il cardine più importante del radicamento sul territorio» («Famiglia Cristiana», n. 21/2008).

Il megafono sulle paure: bugie e mezze verità

Da quando, nel 2008, sono state avanzate le proposte per il pacchetto sicurezza, il dibattito nei Palazzi della politica e nel Paese s'è acuito. Da una parte, importanti valori in ballo; dall'altra, una durezza inusuale contro gli immigrati irregolari. Mai, prima, s'era giunti a tanto. «Famiglia Cristiana» ha preso netta posizione contro il pacchetto sicurezza e i provvedimenti tanto assurdi quanto difficili da applicare. Ormai si va avanti tra retorica e violenza, tra bugie e mezze verità.

La violenza si alimenta con proclami xenofobi. Non meraviglia se qualcuno, a Roma, devasta negozi gestiti da extracomunitari regolari. E molti cittadini, senza indignarsi, ammettono: «Può succedere, ci sono troppi stranieri in città». Come non c'è nessun motivo per punire i criminali stranieri con più forza di quelli italiani, non c'è ragione per nascondere l'integrazione dove si fa. Come nel Veneto, dove la Lega accontenta gli industriali per la manodopera. Ma, al tempo stesso, cerca consenso elettorale, alimentando la paura. Sia la destra che la sinistra hanno accentuato, oltre misura, il problema della sicurezza, che pure è reale. Ma, alla prova dei fatti, qualche certezza si sgretola. È più sicura una città senza immigrati o Roma, ad esempio, dove si rischia di morire, ogni sera, travolti da «pazzi» italiani ubriachi o drogati al volante? È più sicuro un territorio senza extracomunitari o intere regioni in mano a mafia e camorra? Se la sicurezza è un problema così assillante, perché, in questi anni, nessun volenteroso cittadino, gruppo o associazione hanno programmato ronde contro i camion della camorra e le discariche abusive? Solo gli stranieri sembrano essere responsabili di tutti i guai italiani.

Un vero dibattito sul pacchetto sicurezza non c'è stato. Forse per soggezione verso la Lega. Solo i cattolici hanno parlato chiaro contro chi indica i «mostri» da eliminare. E, questa volta, nella maggioranza s'è distinto il sottosegretario alla famiglia, Carlo Giovanardi. L'unico, tra i cattolici al governo, a dire che il reato di immigrazione clandestina è una follia. Sono troppi nel mondo a partire perché non sono più sicuri nel loro Paese. Le nazioni ricche si preoccupano della propria sicurezza, ma il nostro sistema economico globale rende incerta e impossibile la vita di molte popolazioni. Per necessità, vengono a mangiare le briciole che cadono dalla nostra tavola.

Dai tavoli del bar alle Aule parlamentari

Una politica miope e xenofoba è stata sdoganata anche nelle Aule parlamentari. «Famiglia Cristiana» (n. 7/2009) lo denuncia, riprendendo le parole dell'ex ministro dell'Interno, Beppe Pisanu, che metteva in guardia circa la brama di menare le mani, già colpevole attorno ai tavoli del bar. Nessuno ha colto il suo grido d'allarme e l'Italia è precipitata, unico Paese occidentale, verso il baratro di leggi odiose. I medici invitati a fare la spia e denunciare i clandestini, pazienza se qualcuno muore per strada o se corriamo il rischio che si diffondano malattie infettive; i cittadini che si organizzano in associazioni paramilitari, al pari dei «bravi» di don Rodrigo dei *Promessi sposi*; i registri per i barboni, «prigionieri virtuali», solo perché poveri estremi; non manca, infine, il permesso di soggiorno a punti.

La «cattiveria» contro gli immigrati, invocata in pubblico dal ministro Maroni, è diventata politica di governo. Trasformata in legge. Il nostro Paese, già abbastanza duro con i più deboli, lo diventa di più verso gli stranieri. S'è varcato il limite che distingue il rigore della legge dall'accanimento, mettendo a rischio lo Stato di diritto. E facendo strame della dignità di uomini, donne e bambini venuti in Italia in fuga da guerre e carestie, in attesa di un permesso di soggiorno. Anche da parte di molti cattolici, nessun sussulto, neanche in nome del Vangelo. Peccati di omissione o ignoranza della Dottrina sociale della Chiesa? La sicurezza, per chi ha varato quelle leggi, è solo un alibi per norme inutili e dannose. E per scaricare il malessere del Paese sugli immigrati.

Oggi si discrimina tra cittadini e non cittadini. Cioè tra italiani e non italiani. La Chiesa non ci sta. Gli ordini dei medici protestano, fanno sapere che non saranno delatori. La polizia, delegittimata, mugugna contro il far west delle ronde e della giustizia «fai da te». «Quel provvedimento», dicono, «rischia di legittimare azioni incontrollabili di squadracce di esaltati» («Famiglia Cristiana», n. 7/2009)). Ma c'è chi esulta. Finalmente, il «bastone padano» è strumento d'ordine, autorizzato dal Parlamento. L'Italia, più che di cattiveria ha bisogno di leggi giuste, per affrontare la grave crisi economica, che è il vero problema del Paese. Più che implementare il «fondo rimpatri» per stranieri, sarebbe meglio rimpolpare il «Fondo famiglia lavoro», voluto dal cardinale di Milano per aiutare le famiglie povere. Presentando il «Fondo» il cardinale Tettamanzi ha detto: «La solidarietà si realizza attraverso il rifiuto di qualsiasi discriminazione».

Figli fantasma di mamme clandestine

Il pacchetto sicurezza ha lasciato un'onda di polemiche. Tanti gli aspetti problematici, oggetto di forti prese di posizioni. È stato diplomatico quel tanto che gli impone il suo ruolo istituzionale, senza per questo cadere nella reticenza. «Non mi convince la norma che obbliga il medico a denunciare i clandestini», dice il presidente della Camera, Gianfranco Fini. E poi affonda: «Il medico ha il dovere di curare le persone e non di guardare se sono clandestine o meno. Ragioniamo prima di dar vita a provvedimenti che possono ledere il diritto della persona. Se le norme ledono i diritti della persona sono immorali e ingiuste. Questo non ha nulla a che vedere con la regolamentazione dell'immigrazione». Eliminare il divieto di denuncia non equivale all'obbligo di sporgerla, gli ha ribattuto il ministro dell'Interno Maroni. Nel dubbio, Fini ha preferito dire, forte e chiaro: «La sicurezza è un bene primario. Mi preoccupa che possa diventare un problema etnico» (la Repubblica.it, 12 marzo 2009).

Il presidente della Camera, parlando a *Porta a Porta*, è intervenuto sul rischio che i bambini nati in Italia da genitori irregolari potrebbero non essere registrati. Esposti, come le loro madri, a gravissimi rischi per la salute. «Sarebbe di una gravità assoluta», ha detto, «l'impossibilità di registrare all'anagrafe un bambino nato da una clandestina. Non lo possiamo condannare a essere un apolide. O un bambino fantasma». O anche un «aborto burocratico», che una retta coscienza non può accettare.

Anche i medici hanno reagito, disposti a ingaggiare una battaglia legale fino alla Corte di giustizia europea. Amedeo Bianco, presidente della Fnomceo (Federazione nazionale degli ordini dei medici chirurghi e odontoiatri) ha fatto sapere la sua contrarietà al principio: «Prima ti curo, poi ti denuncio». I rischi evidenziati sono tanti. Si spazia dalla mancanza di tranquillità, dovendo ogni volta scegliere se seguire il codice deontologico o la nuova legge, alla nascita di una sanità parallela, con ambulatori clandestini. Ma non va ignorato neppure il ritorno di malattie date per scomparse, come la Tbc, frutto di un ritardato (o, peggio, mancato) ricorso a strutture sanitarie attrezzate.

Contro il pacchetto sicurezza si sono mosse diverse personalità del mondo universitario ed ecclesiale, sottoscrivendo l'appello «Rispettare le persone, tutte e sempre», del 19 marzo 2009, che ha come primi firmatari Giuseppe Savagnone, Sandro Pajno e Francesco Viola. E che annovera tra le firme quelle di due ex presidenti dell'Azione cattolica, Paola Bignardi e Luigi Alici.

«In quanto cittadini che si sforzano di ispirare la vita pubblica al Vangelo e alla Dottrina sociale della Chiesa», si legge, «noi vogliamo fare questa contestazione nella più ampia prospettiva dei diritti umani e della solidarietà. La norma in questione crea le condizioni perché degli uomini e delle donne debbano scegliere tra la propria salute o quella dei propri figli e la speranza, legata alla permanenza nel nostro Paese, di una vita meno misera. Essa pone così ai più poveri tra i poveri un odioso ricatto, il cui esito potrebbe, in molti casi, essere tragico».

In molte strutture sanitarie sono comparsi cartelli con la scritta: «Qui non si denunciano gli stranieri». «Noi non segnaliamo» era lo slogan di sfilate e manifestazioni pubbliche. Frase impressa su migliaia di volantini e magliette.

Per un pugno di voti in più

La legge sulla sicurezza s'è intrecciata con i respingimenti dei clandestini verso la Libia, un Paese che non riconosce le convenzioni internazionali sui rifugiati. L'Italia, dalle profonde radici cristiane, ha anteposto esigenze di sicurezza, vere o fittizie, ai diritti inalienabili della persona umana. Sarebbe stata più efficace una seria politica di programmazione dei flussi e di sanatorie per regolarizzare gli stranieri già inseriti nella società. Come s'è fatto, in parte, con le badanti. L'introduzione del reato di clandestinità non favorisce l'integrazione e l'inserimento degli stranieri. Monsignor Marchetto l'ha definito il «peccato originale». La criminalizzazione dello straniero darà vita alla creazione di cittadini di serie B, compromettendo gravemente i loro diritti alla salute, all'istruzione e molti altri diritti fondamentali, lasciandoli preda di una possibile denuncia da parte di chi riveste un ruolo di pubblico ufficiale: infermieri, medici, insegnanti.

Tolleranza doppio zero. E nessuna misericordia. Soltanto un uso strumentale di ogni fantasia che passa per la testa di chi gli stranieri non li vuole in Italia. Paura e ossessione, che ci hanno portato a situazioni assurde. Come le delibere, in ogni angolo d'Italia, al Nord soprattutto, sparate a getto continuo contro gli immigrati. Secondo il rito, ormai frusto, della provocazione, tra applausi e consensi, per poi fare un passo indietro. Come per l'emendamento sulla cassa integrazione «speciale», cioè dimezzata, per gli immigrati. Come per le classi differenziate a scuola.

Il «gioco» è pericoloso. Prima o poi, rischia di sfuggire di mano. Alle provocazioni non basta rispondere facendo spallucce. Perché, purtroppo, anche la proposta di dimezzare agli stranieri la cassa integrazione trova consensi. Nonostante il quotidiano cattolico «Avvenire» l'abbia definita «aberrante», perché asseconda la logica che gli esseri umani non sono tutti uguali. Siamo all'emergenza etica. Ormai si calpestano diritti fondamentali, nell'indifferenza generale. E in un clima di crescente intolleranza.

Qualcuno ha già dimenticato l'indecente proposta della Lega di prendere le impronte ai bambini rom. Davvero, la dignità dell'uomo vale zero. Il principio della «responsabilità di proteggere», cioè il riconoscimento dell'unità e dell'uguaglianza di tutta la famiglia umana, ampiamente illustrata da Benedetto XVI nel suo discorso all'Onu, il 18 aprile 2008, è carta straccia. Avremmo dato credito a chi l'ha proposta se, assieme alla schedatura, avesse detto come portare i bimbi rom a scuola, togliendoli dagli spazi condivisi coi topi. E quali risorse pubbliche vi avesse destinato. L'ex prefetto di Roma, Carlo Mosca, s'è rifiutato di procedere. Lo stesso presidente della Regione Veneto, Giancarlo Galan, del centrodestra, ha parlato di «fantapolitica». Ma Berlusconi, o qualsiasi altro uomo politico, permetterebbe che agenti di polizia prendessero le impronte ai propri figli o nipotini, in modo discriminatorio?

A sessant'anni dalle leggi razziali, l'Italia non ha ancora fatto i conti con le sue tragiche responsabilità. Con le impronte digitali, uno Stato di polizia ha mostrato il volto più feroce a piccoli rom, che pur sono cittadini italiani. Perché manca la stessa ostinazione nel combattere la criminalità organizzata in vaste aree del Paese? Stiamo assistendo al crepuscolo della giustizia e alla nascita di un diritto penale straordinario per gli stranieri poveri. La Convenzione Onu sui diritti dell'infanzia, sottoscritta anche dall'Italia, che tutela i minori da qualsiasi discriminazione, sembra non contare più nulla. La schedatura di un bambino rom, che non ha commesso reato, viola la dignità umana. Così come la proposta di togliere la patria potestà ai loro genitori è una forzatura del diritto: nessun tribunale dei minori la toglierà solo per povertà e difficili condizioni di vita.

Se è giusto reprimere, con forza, chi nei campi nomadi delinque, le misure del ministro dell'Interno non servono a combattere l'accattonaggio. Che non è reato. C'è un solo modo, più sicuro, perché i piccoli rom non vadano a rubare: mandarli a scuola. Qui, sì, ci vorrebbe un decreto legge perché, ogni mattina, pulmini della polizia passassero nei campi nomadi a raccoglierli. Per la sicurezza sarebbero soldi ben spesi. Dire che quando andiamo negli Usa ci prendono le impronte digitali non è una giustificazione. Perché lì il provvedimento vale per tutti, indistintamente. Come avremmo reagito se le avessero prese solo agli italiani, come sospetti mafiosi o camorristi? Se si vogliono prendere le impronte, facciamolo per tutti. A partire dai nostri figli, o da quelli dei politici. Ancor meglio, prendiamole ai parlamentari, così i cittadini saprebbero chi lavora e chi marina l'Aula. O anche chi fa il furbo, votando al posto dei colleghi assenti. L'affossa «pianisti» sarebbe l'unico «lodo» gradito agli italiani.

Lo «stigma» del reato di clandestinità spinge l'immigrato fuori dal consorzio umano. Per una manciata di voti in più, l'abbiamo trasformato in «diverso», in nemico. La deriva xenofoba sta prendendo piede in Italia. Dovrebbe preoccupare. Anche perché non risparmia niente e nessuno. L'indifferenza e il gelo della chiusura soffiano in Parlamento, ma non risparmiano neppure le parrocchie. Possibile che i cattolici facciano prevalere la paura e un pacchetto sicurezza (che è propaganda) sui princìpi evangelici?

«Quell'uomo di colore ha pagato il giornale?»

Spesso la discriminazione si mescola a ignoranza e cattiveria. A un extracomunitario che, in un ufficio pubblico, dichiara d'essere italiano, l'addetto allo sportello si premura di precisare: «È vero, tu possiedi il passaporto italiano, ma non sei italiano». Oppure: «Tu non hai la nazionalità italiana, come noi. Hai solo la cittadinanza, perché sei extracomunitario». Se uno straniero, nuovo inquilino nel palazzo, saluta i vicini, capita che si senta rispondere: «Qui non puoi vendere. Non compriamo nulla. Chi ti ha fatto entrare?». Come a Linate, all'edicola dell'aeroporto, dove l'immigrato si avvia all'uscita, dopo aver pagato alla cassa, e si sente apostrofare da un impiegato: «Quell'uomo di colore ha pagato il giornale?».

A simili situazioni o ci si fa l'abitudine, facendo finta di niente, o si reagisce affrontando a muso duro chi offende. Col rischio di un'escalation pubblica che, di solito, finisce così: «Guardate, sta urlando, mi sta insultando. Lui è soltanto un ospite a casa nostra. Siete tutti testimoni!». Al danno si aggiungono le beffe.

Episodi, questi, raccontati da Pap Khouma sulle pagine della «Repubblica» (12 dicembre 2009) nell'articolo dal titolo: *Io, nero italiano, e la mia vita ad ostacoli*. Colpisce l'altro episodio: «Ho assistito per caso alla rappresentazione di una banda musicale ad Aguzzano, nel Piacentino. Quando quasi tutti se ne erano andati, ho visto in mezzo alla piazza una bandiera italiana prendere fuoco senza una ragionevole spiegazione. Mi sono ben guardato dallo spegnerla, anche se ero vicino. Cosa avrebbe pensato, come avrebbe reagito la gente vedendo un 'extracomunitario' nella piazza di un paesino con la bandiera in fiamme tra le mani? Troppi simboli messi insieme. Ho lasciato la bandiera bruciare con buona pace di tutti».

Qualcosa di simile capita, una domenica sì e l'altra pure, sui campi di calcio della serie A, al giovane talento dell'Inter, Mario Balotelli. Carattere spigoloso e comportamenti provocatori i suoi, durante il gioco. Segno d'immaturità, non solo calcistica. Ma non c'è giustificazione ai cori razzisti che lo subissano in campo. Come, giustamente, hanno osservato due giornalisti di razza come Gad Lerner e Beppe Severgnini sul

«Corriere della Sera» (7 gennaio 2010). «Posso testimoniare che a Balotelli gridano frasi terribili. C'è un coro, scandito con ritmo ossessivo, che fa: *Non / ci sono / negri / italiani*. Lui, pur essendo nato a Palermo, parla con forte accento bresciano. È italianissimo. E solo per la complessa e dolorosa storia della sua adozione ha dovuto attendere il diciottesimo anno d'età per diventare cittadino del suo stesso Paese. Eppure, c'è chi si ostina a considerarlo l'inquinatore di una non precisata razza italica. Ci vuol tanto a capire che gioca con la nazionale Under 21 proprio perché è il classico, palese esempio dell'italiano di seconda generazione? Purtroppo, in città come Verona, Bergamo, Brescia s'è, da tempo, sviluppata una licenza verbale razzista che i sindaci, invece di contrastare con un adeguato lavoro culturale, ignorano se non addirittura esaltano».

E conclude: «A Mario viene imputata una colpa folle: quella d'essere un nuovo italiano. Un italiano come ce ne sono sempre di più, ovunque. Anche con gli occhi a mandorla. Balotelli appartiene esattamente a questa nuova generazione».

Beppe Severgnini respinge le giustificazioni del presidente del Chievo, Luca Campedelli: «Non era razzismo, erano solo fischi». O quelle del sindaco di Verona, Flavio Tosi: «Balotelli non sarà mai un campione. È un ragazzino immaturo e presuntuoso». «Da quando gioca in serie A», dice Severgnini, «il ragazzo nero con l'accento bresciano è stato preso di mira. Ha sbagliato a prendersela con un'intera città, dicendo che il pubblico gli fa sempre più schifo? Ovviamente. È impulsivo e arrogante? Probabilmente. Lo era anche un altro fuoriclasse, Antonio Cassano: ma la sua pelle è più chiara, e nessuno mai gli ha gridato certe cose. Non c'è dubbio che Balotelli si tiri addosso antipatie e critiche, coi suoi comportamenti. Ma a quelle si abituerà, se non è già abituato. Non si abituerà invece, e non deve abituarsi, al razzismo».

Dai campi di calcio ai concerti. Quando Gigi Vesigna intervista per «Famiglia Cristiana» (n. 51/2009) Lucio Dalla, e gli chiede se gli piace il mondo in cui viviamo, lui risponde:

«Mi piacerebbe se l'uomo, che sa così bene disfare le cose belle, non l'avesse diviso in un mondo di serie A e in un altro di serie B. Come si fa a non capire che l'integrazione, oltre che ineluttabile, è un fenomeno che ci arricchisce? Come si fa a dire a dei bambini nati qui: 'No, tu non sei italiano'? Come si fa a ipotizzare, anche solo per un attimo, che chi lavora in Italia, a fianco di un italiano, è in regola e paga le tasse, se va in cassa integrazione è meno protetto del suo compagno di lavoro? Non è un discorso politico, perché la politica, tutta quanta, mi ha profondamente deluso e ora persino mi annoia, ma soltanto buonsenso contadino, quello con le scarpe grosse e il cervello fino, come diceva il mio babbo».

Non c'è più limite alla fantasia

È vero, oggi è in atto uno «scontro di civiltà». Ma non tra Occidente e Oriente. O tra cristianesimo e islam. No, il vero scontro di civiltà si gioca in Parlamento e nelle piazze. Temi della contesa l'accoglienza e il rispetto della persona straniera. A prendere il sopravvento è il principio dell'indesiderabilità. Irregolari e clandestini sono da espellere. Sì, ci sono, ma non dovrebbero esserci. Non li vogliamo. Anche quando vivono come bestie, come a Rosarno, nessuno muove un dito. La protezione civile funziona solo per gli italiani. Se vogliono un'altra possibilità, la cerchino altrove. In altri Paesi, non in Italia.

Per un Paese, come il nostro, che si dichiara cattolico, è difficile capire come si possa discriminare gli stranieri e atteggiarsi poi a difensori del crocifisso. Quasi fosse una bandiera di partito. Come si può essere a favore della vita e promuovere grottesche operazioni, che stanno avvelenando il Paese? Il proliferare di delibere comunali alimenta la fabbrica dell'intolleranza. Non c'è più limite alla fantasia. E pochi segnalano il pericolo.

La lista è lunga. A Coccaglio, piccolo comune del bresciano, con poco meno di settemila abitanti e 1.500 stranieri, un assessore ha lanciato l'operazione «White Christmas» (Bianco Natale). Obiettivo? Far piazza pulita dei clandestini, mandando i vigili, casa per casa, a controllare gli extracomunitari. «Natale non è la festa dell'accoglienza, ma della tradizione cristiana, della nostra identità», ha sentenziato l'assessore leghista alla Sicurezza (la Repubblica.it, 18 novembre 2009). L'operazione doveva concludersi il 25 dicembre. L'idea di accostare la caccia agli irregolari a una delle feste più care ai cristiani non poteva che suscitare reazioni. Era prevedibile.

Se per il sindaco le polemiche su questa ordinanza sono state montate ad arte dai media, se per Maroni tutti i sindaci dovrebbero prendere esempio dal comune bresciano e applicare il decreto sicurezza allo stesso modo, non si sono fatte attendere le critiche. «Affermazioni gravi, quelle del ministro», ha detto il sindaco di Brescia Paolo Corsini. «Censimento triste e doloroso», l'hanno definito il presidente e il segretario del Pontificio consiglio per i migranti, Vegliò e Marchetto («Corriere della Sera», 28 novembre 2009).

Dopo il clamore, alla fine, a Coccaglio nessun immigrato residente è stato allontanato. Su circa 1.500 extracomunitari sono state mandate 240 notifiche per chiedere di confermare la residenza in Comune, per poter rinnovare il permesso di soggiorno. Sono intervenuti direttamente i vigili con controlli incrociati con i postini. Cento stranieri sono risultati irreperibili, non sono più in paese. «Si è trattato soltanto di un controllo», insiste il sindaco Franco Claretti. «Ora sappiamo con certezza quanti stranieri risiedono da noi, possiamo calibrare, con maggiore attenzione, le spese sociali» («Corriere della Sera», 14 gennaio 2010). A Natale, per la Messa di mezzanotte, a Coccaglio ha cantato un coro *gospel* con cantanti di colore. Tanto clamore, forse, per nulla. Sindaco e assessore potevano evitarlo. Troppo zelo, per la causa leghista.

Con ironia, Andrea Sarubbi, giovane deputato del Partito democratico, già conduttore televisivo del programma religioso *A sua immagine*, s'è chiesto, preoccupato, che fine avrebbero fatto i Re Magi a Coccaglio. In un comunicato stampa del 18 novembre 2009 ha scritto: «Dopo l'operazione 'White Christmas', speriamo che i concittadini degli zelanti amministratori leghisti avranno il permesso di festeggiare l'Epifania con i Re Magi al completo. C'è il rischio che il buon Baldassarre, re indiano dalla carnagione scura, subisca le conseguenze dell'intransigenza natalizia della Lega».

E ha proseguito: «Con un'amministrazione del genere, avrebbe avuto vita difficile anche la Santa Famiglia, costretta a rifugiarsi in Egitto, senza regolare permesso di soggiorno per sfuggire alla persecuzione di Erode. Viene da ridere, ma ci sarebbe da piangere. È ora di togliere dalle mani di queste persone la difesa strumentale dei valori cristiani e dei suoi simboli che, soprattutto nel periodo natalizio, parlano al mondo di accoglienza, condivisione e carità».

Stessa ironia, sempre per l'Epifania, ha usato il responsabile della Caritas agrigentina, Valerio Landri, che nel presepe della cattedrale non ha messo i Re Magi. Al loro posto, un cartello con questa scritta: «I Magi non arriveranno, perché sono stati respinti alla frontiera, assieme agli altri immigrati». C'è chi ha plaudito: «Una protesta contro le rigide leggi sui clandestini». E chi ha ribattuto che, al tema dell'immigrazione, si sono sacrificate le tradizioni religiose. Pronta la risposta del responsabile Caritas: «Per noi la tradizione non può essere anteposta ai diritti delle persone. Se Gesù volesse venire da noi, oggi, sarebbe respinto alla frontiera. Così come accade a centinaia di nostri poveri fratelli» («Corriere della Sera», 6 gennaio 2010).

Solidale con lui monsignor Montenegro, che già al suo insediamento come vescovo di Agrigento, il 17 maggio 2008, aveva preso posizione contro i respingimenti: «In Sicilia non sarebbe approdato nemmeno san Calogero, il santo di pelle nera venerato nella città dei Templi. Anche lui, probabilmente, arrivato su un barcone, senza permesso di soggiorno. Ma è strano che gli immigrati non diano fastidio se sono bravi nel giocare a pallone o se sanno cantare. La presenza dello straniero non è un male da estirpare, ma una realtà con la quale confrontarsi. Assieme possiamo costruire una comunità diversa».

A Milano, ogni anno, all'Epifania si celebra una Messa per gli stranieri della città. È la «Festa dei popoli», con una liturgia «colorata» e cantata. Sull'altare due rom suonano il violino, bambine cingalesi danzano nei costumi tradizionali, in un duomo affollato e variopinto, dove risuonano più lingue straniere. Una piccola filippina, al microfono, ci tiene a far sapere al cardinale che «se mio papà perde il lavoro, non può più avere il permesso di soggiorno e diventa clandestino». E un giovane africano gli chiede: «Ma Gesù era straniero? Insultavano anche lui, come insultano me?». E un altro: «A Milano siamo duecentomila immigrati: perché le televisioni e i giornali parlano di noi come fossimo dei polli da sistemare in una gabbia?».

A tutti risponde il cardinale Tettamanzi. Anche ai politici locali, che ripetono, continuamente, che nove nomadi su dieci sono ladri. E fanno osservare che i due rom che hanno suonato il violino all'altare del duomo di Milano arrivano da un campo abusivo. E si augurano che questi giovani violinisti non vengano sfruttati, mandati in giro a elemosinare. Nell'omelia, l'arcivescovo di Milano ribadisce: «Senza rispetto per i diritti umani elementari non ci può essere bene comune. Le famiglie dei migranti, oggi, sono oggetto di proposte dal sapore nascostamente discriminatorio, fatte passare come forma di saggezza culturale e di necessità politica». Congedandosi, pronuncia parole pesanti: «A Milano ci sono occhi chiusi e cuori incapaci di aprirsi».

Affittasi appartamento: no animali, no stranieri

Milano non sembra da meno di Coccaglio. Nei maggiori portali di compravendita immobiliare e di offerte di lavoro, con sempre maggiore frequenza, compaiono scritte tipo: «Affittasi appartamento: no animali, no stranieri». Oppure: «Bar in centro cerca cameriere: astenersi extracomunitari». È quel che, un tempo, accadeva agli immigrati del nostro Sud: «Non si affitta a meridionali». Oppure: «Vietato l'ingresso a cani e meridionali». Ora la storia si ripete con gli stranieri.

«I milanesi ci aiutino, segnalando gli immigrati irregolari e chi li sfrutta»: è l'appello dell'assessore regionale leghista al territorio, Davide Boni. Con una mozione dai toni duri, la Lega chiede al Comune un giro di vite: controlli «igienico-sanitari» nelle abitazioni dei clandestini, caccia a chi affitta case e dà lavoro agli immigrati irregolari, controlli nelle aziende e nelle fabbriche. Infine, l'invito a segnalare al Comune gli extracomunitari senza documenti. S'era, pure, pensato a un «numero verde padano» per denunciare chi viola la legge sulla clandestinità. «Speriamo non ce ne sia bisogno», ha detto l'assessore.

«White Christmas» ha fatto scuola nel capoluogo lombardo. Qui sono convinti che, se il nome dell'iniziativa di Coccaglio era infelice, la direzione era quella giusta. «È inaccettabile», ha detto il capogruppo della Lega a Milano, Matteo Salvini, «quel che avviene in molti complessi residenziali, dove in un bilocale vivono anche quindici clandestini» («la Repubblica», 28 dicembre 2009).

Se nessuno, però, agenzie immobiliari o singoli cittadini, vuole affittare agli immigrati, è quasi inevitabile che questi si concentrino in quartieri e case dove pagano poco, senza un contratto regolare. Se non c'è volontà di integrazione, il rischio che si creino ghetti di stranieri è molto alto. Con tutto quel che ne consegue. Disagi e ostilità.

Ma il capoluogo lombardo s'è distinto per altre proposte «fantasiose». Il parlamentare leghista Matteo Salvini voleva riservare ai milanesi alcuni posti nelle carrozze della metropolitana. «È una proposta offensiva», gli ha ribattuto Gianfranco Fini, «che viola uno dei princìpi fondamentali della Costituzione e della Dichiarazione dei diritti dell'uomo, il principio di non discriminazione, a prescindere dal colore della pelle, della razza e della lingua» (il Giornale.it, 8 maggio 2009). Una sorta di apartheid, da respingere con forza. «Una becera provocazione o una bestialità politica», ha aggiunto Italo Bocchino, capogruppo del Pdl alla Camera (Corriere della Sera.it, 8 maggio 2009).

Come non bastasse, sempre a Milano, un autobus con le inferriate ai finestrini fa la normale tratta e le solite fermate. Ma da esso scendono vigili urbani che controllano i documenti agli extracomunitari. E chi non è in regola viene fatto salire e scaricato in questura. L'assurdo, poi, s'è concretizzato con l'assegnazione dell'Ambrogino d'oro a questa pattuglia di polizia urbana che dava la caccia agli irregolari, trattenendoli nel bus con le sbarre. Se non fosse stato per il rischio di strumentalizzazioni, diversi «Ambrogini d'oro» degli anni passati avrebbero restituito il riconoscimento al Comune di Milano, compreso il sottoscritto. Per protesta contro un uso strumentale dell'onorificenza cittadina, soggetta ai ricatti della politica. Di bassissima «lega».

Forme occulte di «razzismo gastronomico»

«L'ordinanza è diventata d'ordinanza», ha chiosato, scherzando, qualcuno di fronte alla raffica dei sindaci contro gli stranieri, in una gara assurda. L'Associazione dei Comuni, l'Anci, ha presentato una ricerca su queste delibere emesse, in poco più di un anno, dal luglio 2008 all'agosto 2009. Le ordinanze sono state 788. In media due al giorno. Il 26 per cento del totale riguarda il Nordest, il 40 per cento il Nordovest. Ne sono state emesse duecentotrentasette in Lombardia; centodue in Veneto; sessantatré in Piemonte; diciassette in Friuli.

Che cosa sta succedendo all'Italia e agli italiani? Se l'è chiesto l'Anpi, l'Associazione nazionale partigiani che, a fronte di questa lunga serie di provvedimenti, ha organizzato a Mirano (Venezia) una «manifestazione nazionale contro il razzismo» (4 novembre 2009). Per dire «basta» alle ingiustizie e al cinismo, «in ricordo delle vittime della barbarie nazifascista».

«Siamo un popolo», scrive l'Anpi (Associazione nazionale partigiani d'Italia), «che ha conosciuto l'odio razziale imposto per legge. Chi ci governa sembra aver smarrito la memoria. Di fronte a immigrati respinti alla morte quando chiedono accoglienza, denunciati quando hanno bisogno di cure, abbiamo il dovere di reagire» («la Repubblica», 12 dicembre 2009).

E proprio dal Friuli Venezia Giulia comincia un «tour xenofobo». Da Azzano Decimo, in provincia di Pordenone, una cittadina di circa dodicimila abitanti, dove il sindaco Enzo Bortolotti permette che si possano cucinare e vendere cous cous, kebab e pollo al curry «solo se accompagnati a polenta, brovada e musetto». «I locali etnici», ha tuonato, «dovranno inserire nei loro menù i nostri piatti tradizionali. E quelli già aperti dovranno adeguarsi». Ma la sua ordinanza non s'è fermata al cibo. Ha stilato una sorta di decalogo su quello che gli stranieri possono o non possono fare nella cittadina: divieto del burqa e di sosta delle roulotte dei rom; costruzioni che non ricordino, anche vagamente, moschee o minareti; controlli più rigidi sui documenti degli sposi in caso di matrimoni misti («quelli attuali», dice, «non scongiurano il rischio che uno degli sposi sia clandestino»). E conclude: «Me lo consentono le leggi, e io intendo farle rispettare» («Il Piccolo», 3 febbraio 2009).

Il sindaco di Azzano Decimo s'è ispirato ai provvedimenti di Lucca contro il «kebab selvaggio». Nella cittadina toscana è messa in pericolo la «libertà di fornelli». Con l'intento di tutelare il patrimonio locale, un regolamento comunale vieta di aprire ristoranti etnici nel centro storico. Qui si mangia solo italiano. Anzi lucchese: dalla minestra di farro al castagnaccio. Altro che kebab e cous cous maghrebino. Alla faccia della globalizzazione. E se a qualche locale viene in mente di presentare un menù con cibi di altri continenti, è caldamente invitato a inserire nella carta «almeno un piatto tipico lucchese, preparato esclusivamente con prodotti comunemente riconosciuti tipici della provincia».

La cittadina di Cantù, trentacinquemila abitanti, in provincia di Como, ha fatto parlare di sé per via di un numero verde. Quello voluto dal sindaco Tiziana Sala per segnalare alla polizia locale i casi sospetti di appartamenti affittati a immigrati irregolari. Un nuovo «sportello», bollato come invito alla delazione. Un provvedimento, più o meno mascherato, per rendere difficile la vita agli immigrati. Il sindaco s'è difeso dicendo che il numero verde ha consentito alla polizia locale di individuare dei laboratori cinesi, che fanno concorrenza agli artigiani locali. In periodi di crisi, anche questo è apprezzabile. Ma il bilancio finale, in un anno, è stato magro: solo una ventina le telefonate arrivate. In media, due o tre al mese.

Nella vicina Cernobbio, la bella cittadina di settemila abitanti, a quattro chilometri da Como, il sindaco Simona Saladini imita la collega di Cantù. A far discutere è stato il divieto per gli stranieri di sposarsi se prima i vigili non avranno accertato la pulizia di muri e pavimenti nell'abitazione della coppia. Nonché il perfetto funzionamento di docce, bagni e caldaie. Per il sindaco la realtà è diversa. Non è in atto alcuna forma di discriminazione e intolleranza. Si volevano solo controlli più severi per gli stranieri, che vogliono regolarizzare la loro posizione attraverso il matrimonio con una cittadina italiana. E, soprattutto, «constatare presso l'ufficio anagrafe se nell'abitazione indicata nella richiesta di residenza erano presenti altre persone».

«Non è una taglia, ma un bonus»

Non ci sono solo divieti. C'è anche qualche incentivo. Capita ad Adro, settemila abitanti con quattrocentottanta immigrati regolari, in provincia di Brescia. Dice il sindaco leghista Oscar Lancini: «La legge Bossi-Fini noi l'applichiamo così: assegnando un bonus di 500 euro agli agenti municipali per ogni extracomunitario clandestino arrestato e accompagnato in questura». Pronto a portare in tribunale chi l'accusa di xenofobia, il sindaco aggiunge: «L'ideologia c'entra poco. Importa di più far quadrare i conti e premiare i dipendenti che credono nel loro lavoro». Produttività, insomma, non razzismo né intolleranza.

Ma l'accordo sindacale, sancito in Comune, è sconfessato dalla Cgil, che denuncia «il sistema da far west di spiccata connotazione xenofoba». Il sindaco replica: «Non è una taglia, ma un bonus. Un rimborso spese. L'idea è nata quando due agenti hanno fermato uno spacciatore nordafricano senza documenti. Hanno dovuto stargli addosso una sera, una notte e un giorno interi, oltre il normale turno di lavoro».

Ma ad Adro si fa ancor di più. C'è un secondo bonus di 50 euro per ogni blitz di polizia locale che si conclude con la certificazione del sovraffollamento di un'abitazione. «Stesso principio», specifica il sindaco. «Sono compensi per ogni intervento andato a buon fine. Sempre in onore alla produttività» («Corriere della Sera», 25 ottobre 2006). Naturalmente, c'è da credergli.

Ad Alzano Lombardo, invece, dodicimila abitanti, in provincia di Bergamo, celebre ogni estate, da vent'anni, per il più antico e glorioso raduno leghista, il «Berghem Fest», non è facile per gli stranieri risiedere in centro. Come rimedio al degrado della zona, gli amministratori hanno pensato di invogliare giovani coppie a stabilirvisi, agevolandole con sgravi fiscali e contributi a fondo perduto. E, in più, il parcheggio auto riservato. Per evitare che ne approfittino gli stranieri, i parcheggi sono riservati agli italiani. Una delibera contestata come xenofoba, che rischia, però, d'essere presa a modello da altri Comuni. L'assessore tiene a precisare: «La scelta non va strumentalizzata. Crediamo che l'integrazione non avvenga solo in modo culturale, ma anche territoriale. Non vanno creati ghetti. È un modo per rafforzare il tessuto sociale e favorire l'integrazione» («la Repubblica», 21 dicembre 2009).

Insolito modo di integrare: per evitare il ghetto, basta escludere gli stranieri dai benefici. Potranno andare in centro, ma non porteranno via il parcheggio ai bergamaschi doc.

Nel bresciano, una delle zone con la maggiore presenza di

immigrati, si scontrano sindaci leghisti molto combattivi e una galassia di associazioni di volontariato, frutto del cattolicesimo sociale. Il Comune di Castel Mella, diecimila abitanti, ha fatto parlare di sé per le borse di studio riservate solo a italiani. Il provvedimento prevede un concorso pubblico per studenti delle scuole medie e superiori. 12.000 euro in borse di studio o assegni per le spese scolastiche, come premio per i più meritevoli. In base al merito e ai buoni voti in pagella. Nessun riferimento al reddito familiare, ma due condizioni da rispettare: primo, non superare i 19 anni d'età; secondo, essere cittadini italiani residenti a Castel Mella.

Alle proteste e ai ricorsi al Tar di varie associazioni, tra cui quella dei giuristi per l'immigrazione, il sindaco leghista, Ettore Aliprandi, stupito, ribatte: «Non c'è alcun intento discriminatorio in quel bando. Quella frase è una formula burocratica, che compare in tantissimi atti della pubblica amministrazione. Gli immigrati nel mio Comune non sono molti. Non pensavo nemmeno che ci fossero ragazzi stranieri che potessero concorrere». E promette: «Dall'anno prossimo, cambieremo le regole. Se qualche extracomunitario dimostrerà di avere risultati brillanti a scuola, saremo felici di premiarlo. Sarebbe la miglior prova di integrazione» («Corriere della Sera», 23 dicembre 2009). Restiamo in attesa della prova dei fatti. E della verità.

Ma quello di Castel Mella è solo uno dei tanti provvedimenti contesi. In provincia di Brescia, sono almeno una dozzina i ricorsi, le denunce e le liti giudiziarie. Come per il «bonus bebè» a Brescia: 500 euro a ogni nuovo nato, purché figlio di italiani. La giustificazione? Non si tratta di un contributo sociale, ma un premio solo per la natalità degli italiani. O la decisione del Comune di Ospitaletto, che richiedeva ai residenti extracomunitari di esibire anche il certificato penale. O l'obbligo a Trenzano di parlare solo l'italiano nelle manifestazioni pubbliche. O la messa al bando del gioco del cricket, sempre a Brescia, perché praticato da pakistani.

«Non si può»: mappa delle strane ordinanze

«Non si può»: è il ritornello più ripetuto da molti sindaci d'Italia, dopo l'approvazione del pacchetto sicurezza. A Voghera non ci si può sedere sulle panchine in più di tre, dopo le undici di sera. A Pordenone, proibizione ai minori di 70 anni di sedersi sulle panchine. A Rovigo si danno soldi agli immigrati che se ne tornano ai loro Paesi: un'idea per evitare il «sovraffollamento» straniero. A Foggia, un autobus riservato agli immigrati e uno ai cittadini italiani. La decisione della compagnia municipalizzata ci porta indietro nel tempo, alla rivolta dei neri in America, negli anni Cinquanta, quando Rosa Parks, donna di colore, si rifiutò di cedere il posto ai bianchi sul bus.

Niente affitti a Gerenzano (Varese) agli immigrati. «Non fate contratti di locazione agli stranieri, perché non rispettano le nostre tradizioni», dice l'assessore, per evitare che le vecchie corti del Comune, con nomi lombardi, si popolassero di marocchini, albanesi e romeni. «La gente del posto ha apprezzato l'appello», ha detto il vicesindaco. «Gli attacchi vengono solo da chi non vive qui e non sa come stanno le cose» («Corriere della Sera», 14 gennaio 2010).

Paese spaccato in due a Mezzago, in provincia di Monza. Motivo del contendere il calendario e la scelta di mettere, ogni mese dell'anno, una foto di famiglia straniera, una ricetta tipica e un proverbio. Ai volontari che li distribuiscono per le case, c'è chi risponde «No, grazie»; qualcuno chiude loro la porta in faccia; qualcun altro butta il calendario nel cestino. Ancor prima del pacchetto sicurezza, nel comune di Mozzate, in provincia di Como, il sindaco rilasciava certificati anagrafici agli immigrati solo se potevano documentare una «sana e robusta costituzione, e l'assenza, in famiglia, di malattie ereditarie».

In tempo di crisi e licenziamenti, il sindaco di Gera d'Adda, in provincia di Bergamo, dà gli aiuti solo ai disoccupati italiani, e non agli stranieri. «Si facciano assistere dai loro

Paesi», dice. A Varallo, in provincia di Vercelli, il sindaco leghista emette un'ordinanza che vieta l'uso del burqini, il costume per le donne musulmane di stretta osservanza, che le copre dal capo ai piedi, non solo nelle piscine comunali, ma anche nei torrenti. Vietato l'uso della carne macellata con metodo islamico nel lecchese.

Tra i primi a «scendere in campo» contro gli immigrati è stato Giancarlo Gentilini, il «sindaco sceriffo». Una volta, se ne uscì dicendo: «Si potrebbe sparare agli immigrati come ai leprotti» («Corriere della Sera», 9 agosto 2005). E fece togliere le panchine usate dagli stranieri. Non da meno è stato il sindaco di Schio, che ha fatto scavare fossati per impedire la sosta delle roulotte dei rom.

Per ragioni di decoro cittadino, non si può mangiare kebab nel centro storico di Capriate San Gervasio, in provincia di Bergamo. Ad Alassio, il sindaco di «Miss muretto» vieta il burqa. Ma anche pregare diventa difficile. A Nervesa della Battaglia, nel Trevigiano, alla vigilia del mese di digiuno del Ramadan, il sindaco nega l'agibilità dei locali usati come moschea. «Milano più sicura» è il ritorno di fiamma per le ronde nel capoluogo lombardo. Servono per sorvegliare le scuole, la mensa dell'Opera San Francesco, i Navigli infestati di notte da spacciatori di droga africani. Per fortuna, non decollano, perché non sono previsti «oneri a carico della finanza pubblica».

I rom nessuno li vuole, come le discariche

Quando a Milano c'è un'emergenza sociale, un prete e una casa di accoglienza sono sempre presenti all'appello. Il «don» è Virginio Colmegna, uno di quei «pretacci» di cui parla, in un suo libro, Candido Cannavò. La casa è quella della Carità. Sugli atteggiamenti degli italiani verso gli immigrati, don Colmegna è lucido: «Prevale la paura. Si è radicalizzata un'immagine degli stranieri con aspetti soprattutto negativi, con l'associazione immigrato uguale pericolo sociale». E continua: «L'accoglienza è una dimensione quasi sotterranea, che si fa in termini di testimonianza. L'immigrato viene visto da una parte come pericoloso, dall'altra come povero da aiutare. Invece, qui c'è una presenza che va affrontata con risposte, perché il fenomeno migratorio è strutturale. La vera cultura dell'integrazione viene se anche gli imprenditori dichiarano esplicitamente di aver bisogno delle forze dell'immigrazione».

Per il prete della Casa della Carità, anche i rom possono essere integrati. «La logica dei campi nomadi va superata», è il suo pensiero («Corriere della Sera», 31 agosto 2009). «Lo si fa creando piccoli gruppi di ottanta o cento persone in villaggi solidali. Noi, così, abbiamo inserito più di ottanta famiglie in case normali, con un percorso di legalità, socialità e impegno serio all'autonomia. Avviamo gli uomini al lavoro. Però, la grande vittoria è quando le donne cominciano a lavorare e si assumono il problema dell'educazione e dello studio dei figli. Donne e bambini sono la strada vera per affrontare le loro tradizioni. Anche quelle da superare».

E conclude: «I nomadi sono diventati come le discariche: dovunque li porti, scattano le proteste, nessuno li vuole. Ma per noi la dignità delle persone, tutte, è un valore non negoziabile. Non è questione di buonismo. Perché gli unici che non idealizzano i rom sono quelli, come noi, che ci stanno in mezzo. Sono preoccupato dalla deriva di intolleranza che sta dilagando nel Paese».

Non è un caso isolato l'atteggiamento dell'assessore alla Regione Lombardia, Piergianni Prosperini, di recente alle prese con vicende giudiziarie, che si definisce «baluardo della cristianità», «condottiero del nord», che, in un dibattito su Telelombardia, il 19 dicembre 2009, liquida bruscamente un extracomunitario: «Zitto lei, con quel colore di pelle che si ritrova». Ancora più greve con un altro straniero: «*Ciapa su el canott e va foeura di ball*». Brutale invito a togliere il disturbo.

Una sola risposta possibile: integrare

Trento è la capitale dell'integrazione. In cima alla classifica delle città dove, più facilmente, gli stranieri convivono con gli italiani. Seguita da Ravenna e Modena. Mentre in fondo alla lista c'è Pescara, preceduta di poco da Bari, Pisa, Catania e Napoli. A metà strada Milano, Parma, Padova. Gli stranieri si integrano di più dove è più facile trovare casa e lavoro. E dove i loro figli possono frequentare scuole che non siano «ghetti».

Sono valutazioni e dati raccolti dalla Fondazione Ismu - Iniziative e studi sulla multietnicità, nel suo quindicesimo rapporto sulle migrazioni (2009). «In Italia il percorso di integrazione è ancora a metà del guado», dice il demografo Gian Carlo Blangiardo. Sono più integrate le donne rispetto agli uomini, meglio se sposate con italiani e con figli. La comunità meglio integrata è quella latino-americana, seguita dal gruppo albanese. Proprio quelli che, solo una decina d'anni fa, erano il simbolo di un'immigrazione impossibile da accettare in Italia. Oggi il loro posto è stato preso dai romeni, la comunità più numerosa nel Paese.

Nello stesso rapporto, il segretario dell'Ismu, Vincenzo Cesareo, spiega: «Il fenomeno dell'immigrazione è in una fase di progressivo radicamento. Bisogna lavorare per accelerare l'integrazione. Un primo obiettivo cui puntare è lo status giuridico delle seconde generazioni, cioè di quei circa duecentomila alunni stranieri nati in Italia, ma ancora privi della cittadinanza».

Come, più volte, ha detto e scritto don Vinicio Albanesi, presidente della Comunità di Capodarco: «Non si tratta di allontanare tutti gli irregolari o peggio tutti gli immigrati. Occorre, invece, allontanare le persone che delinquono. La risposta efficace, la sola possibile, è integrare. Che non vuol dire chiedere maggiore presenza di polizia sul territorio. Ma, soprattutto, educazione, accompagnamento, occasioni perché, almeno nella seconda generazione degli immigrati, diventino tutti veri cittadini del nostro Paese. Siamo destinati alla miscela tra i popoli. Una volta eravamo noi le persone che venivano accolte, oggi siamo chiamati a essere accoglienti» («Famiglia Cristiana», n. 46/2007).

Qualche esempio di dove l'integrazione funziona. A Delia, in provincia di Caltanissetta, nel cuore della Sicilia, da sempre accogliente, si vantano record esemplari. È uno dei comuni a più alta densità migratoria, più di seicento stranieri su una popolazione di poco più di quattromila abitanti. Per la prima volta, nel 2003, la giunta comunale promosse il diritto all'elettorato attivo e passivo per gli immigrati residenti da tre anni. Romeni e nordafricani convivono senza problemi con la popolazione locale. E ripopolano il paese, compensando la cronica emigrazione: la fuga di cinquemila deliani in altre parti d'Italia e del mondo. Non del tutto arrestata, tuttora.

Il paese ha ripreso vita. Negozi a rischio chiusura si sono ripresi, come anche l'edilizia e l'agricoltura. La responsabile della Caritas locale, Angela Randazzo, precisa: «I giovani stranieri rivitalizzano la vita economica e sociale del paese. Le scuole accrescono il numero dei loro iscritti e si arricchiscono culturalmente, grazie alla presenza dei figli degli immigrati». E aggiunge: «Non ci limitiamo solo all'assistenza, ma promuoviamo la cultura della solidarietà, base di un futuro di pace. Vogliamo garantire agli stranieri il diritto al lavoro, alla salute e alla casa. Occorre superare la diffidenza verso le diversità».

Convinzione condivisa dall'arciprete del paese, don Carmelo Carvello: «La presenza dei romeni sta consolidando un dialogo ecumenico molto fecondo. Noi concediamo la chiesa per i battesimi e i matrimoni ortodossi. E i romeni considerano questa disponibilità come un grande gesto di tolleranza. C'è reciproco rispetto anche con la comunità islamica. Noi abbiamo favorito la costruzione di una piccola moschea. Gli immigrati marocchini vengono a trovarci in chiesa e si inchinano di fronte al crocifisso, per rispetto del cristianesimo». Delia, piccola come cittadina, grande come modello di integrazione («Famiglia Cristiana», n. 27/2007).

A Riace, non solo per i bronzi

La Calabria ha fatto parlare di sé per i recenti fatti di Rosarno, nella piana di Gioia Tauro. Causa gli scontri tra immigrati e popolazione locale. Con la «benedizione» della 'ndrangheta. Nessuno conosce, invece, la Calabria modello di accoglienza. Grazie ai fondi del ministero dell'Interno. C'è silenzio su luoghi dove l'integrazione funziona. E anche bene.

Siamo a Riace, cittadina calabrese famosa in tutto il mondo per il ritrovamento in mare di due statue in bronzo. Ma dal mare sono venuti altri stranieri, trecento curdi nel 1998, su velieri sgangherati, in fuga dal pericolo d'essere uccisi. «L'accoglienza è nel nostro Dna», dice Domenico Lucano, sindaco della cittadina, intervistato da Alberto Laggia per «Famiglia Cristiana» (n. 13/2009). «È la loro, ma anche la nostra speranza. E la nostra ricchezza. Non è, forse, un segno che il nostro paese, abbandonato dai nostri compaesani, ricominci a vivere grazie ad altri emigranti?».

In effetti, Riace, borgo in agonia, sta rinascendo. Profughi afghani, ghanesi, somali, eritrei, serbi e libanesi sono ospitati nelle case svuotate dall'emigrazione. Sono giunti qui, quando il centro d'accoglienza di Lampedusa straripava d'immigrati fino a scoppiare. Il sindaco di Riace e quelli dei Comuni vicini di Caulonia e Stignano si sono offerti di accoglierne subito centosettanta. «A fronte dei quindici richiedenti asilo accolti dal Comune di Milano», ricorda Lucano.

Alle porte di Riace, un cartello annuncia la vocazione di questo antico borgo: «Paese dell'accoglienza». Qui i migranti sono davvero di casa. Riace è una delle cento amministrazioni comunali che aderiscono alla Rete dei Comuni solidali (Recosol). Qui l'accoglienza s'è trasformata in risorsa economica. Sono state recuperate decine di case abbandonate, riaperti negozi artigianali, creati posti letto per i turisti. Ai telai per la lavorazione della fibra di ginestra, antichissima tradizione locale andata in disuso, ora lavorano fianco a fianco donne riacesi e africane.

Dal profondo Sud a Milano, capitale economica d'Italia, dove vive e opera un funzionario di una società consortile della Borsa lombarda, Astrit Cela, uno dei diecimila albanesi arrivati in Italia a bordo della nave *Panamese*, stracolma di profughi, nel 1991. «Quel giorno da Durazzo», ricorda, «è fuggito un intero popolo, famiglie di operai, professionisti, intellettuali. E anche delinquenti. Le luci del porto di Brindisi sembravano quelle di New York» («Famiglia Cristiana», n. 30/2009).

Astrit, al suo Paese, era docente di letteratura francese e albanese. Ma allora, lì, non si poteva esprimere liberamente la propria opinione. Era proibito tutto ciò che era straniero. E i negozi erano, quasi sempre, vuoti. È riuscito a fuggire. Il poco italiano appreso, guardando di nascosto le reti Rai, l'ha aiutato appena sbarcato. Sulla nave *Panamese* erano in diecimila. Altrettanti aspettavano nel porto per il controllo dei documenti. «Bisogna essere più severi», ammonisce, «con chi delinque, perché rovina l'Italia e il buon nome del popolo albanese. Ma è necessario valorizzare chi lo merita, aiutarlo a trovare un lavoro dignitoso e a ricongiungersi con i propri cari».

Astrit fu accolto da una famiglia milanese, che l'ha fatto sentire a casa propria e l'ha aiutato a trovare lavoro. All'inizio come operaio in una catena di montaggio. Poi cresce, fino ad arrivare alla Borsa di Milano. Nel capoluogo lombardo conosce Maria Vittoria Brambilla, che nel 1995 diventa sua moglie. Due anni dopo nasce Edoardo. «Gli italiani mi hanno dato tanto», riconosce. «Ora tocca a me impegnarmi a migliorare l'Italia e far conoscere la mia terra, quella della cultura, dei valori civili e dell'accoglienza. È importante fare uno sforzo per conoscerci, per i nostri figli, per aiutarli a incontrare la parte sana albanese con quella italiana».

A Zuliano, a due passi da Udine, l'accoglienza è di casa. Il parroco, don Pierluigi Di Piazza, dal 1992, divide la sua canonica con profughi ed emigrati. «Tutto cominciò nel 1988», ricorda, «quando bussarono alla mia porta alcuni giovani ghanesi per chiedermi un posto dove dormire. Erano le avanguardie dei tanti emigranti che iniziavano a vedere l'Italia come una terra dove tentare una vita nuova. Decisi che avrei voluto dividere la mia dimora con loro».

E così fece. Oggi, al Centro di accoglienza «Ernesto Balducci» (luogo simbolo della lotta per la pace) vivono quasi ottanta profughi e richiedenti asilo, di ogni parte del mondo: somali, eritrei, bosniaci, iracheni, kosovari. L'accoglienza? Su questo tema don Pierluigi è netto: «Lo Stato italiano, dopo decenni di immigrazione, non ha ancora imparato come farla responsabilmente: o ti danno una camera d'albergo, o ti cacciano in un Centro di permanenza. Si parla tanto di sicurezza, e il problema esiste, ma scarichiamo tutta la colpa sugli immigrati. E non consideriamo mai che c'è un'altra parte del mondo dove l'insicurezza regna da sempre. E per questa, come occidentali, qualche responsabilità ce l'abbiamo anche noi»(«Famiglia Cristiana», n. 39/2008).

Storia da libro edificante a Stezzano, in provincia di Bergamo, dodicimila abitanti, dove il baby sindaco del consiglio comunale dei ragazzi è uno straniero: David N'doua, originario della Costa d'Avorio. Quattro eletti su sette, della scuola media locale, sono stranieri. Con David, siederanno al consiglio dei ragazzi l'argentina Camilla, la marocchina Nora e l'albanese Brahimi, tutti nati a Bergamo e dintorni. Il loro compito: dare suggerimenti su come costruire la nuova scuola, in fase di progettazione.

«Il consiglio comunale dei ragazzi», ha detto il dirigente scolastico Giovanni Battista Sartori, «è un progetto voluto per mettere a confronto culture differenti, per far capire che la diversità è una ricchezza, ma che occorre trovare una sintesi. Che la maggioranza degli eletti siano stranieri vuol dire che questi ragazzi hanno più voglia di farsi conoscere e apprezzare rispetto ai loro coetanei italiani».

Il sindaco leghista, Elena Poma, valuta positivamente il progetto di integrazione della scuola, ma sottolinea che il terreno più complesso è quello degli adulti. «Difficile qui parlare di integrazione», ha detto, «quando abbiamo a che fare con il fenomeno della clandestinità, con persone che non possono uscire allo scoperto, perché vivono in Italia in condizioni di illegalità»(«Corriere della Sera», 30 dicembre 2009).

Dalle colline di Fermo il «Patto di Capodarco»

Se ne dibatte da tempo. Sempre con toni accorati. E ragioni pertinenti. Solo i prevenuti faticano a comprendere. E ad accettare. Il futuro degli immigrati in Italia passa per la cittadinanza. Se ne è fatto portavoce, autorevole, Andrea Riccardi, fondatore della Comunità di Sant'Egidio, che da anni lavora per gli stranieri, per sollevarne le sofferenze e integrarli come cittadini. In un accorato intervento, nell'Aula Magna del Gemelli di Roma, il 26 settembre 2009, Riccardi ha chiesto alla politica di «uscire da questa schizofrenia, per cui, da un lato, si dice che degli stranieri si ha bisogno; dall'altro, si grida alla minaccia».

Ha aggiunto: «Il nostro Paese ha bisogno degli stranieri per svilupparsi. E gli stranieri vogliono venire nel nostro Paese. Bisogna fare allora una politica coerente, con una visione dello sviluppo nazionale; una politica alta che passi attraverso l'integrazione, in un'Italia sentita come casa comune, con un'identità, delle regole, una cultura. Basta con la politica della paura, perché l'odio sociale e l'antagonismo, una volta liberati, non si possono fermare».

Al suo appello s'è unito, nella stessa occasione, il portavoce del Terzo settore e presidente delle Acli, Andrea Olivero, che ha invocato una «moratoria della paura», per costruire integrazione e dare più spazi di cittadinanza. «La clandestinità umilia le persone», ha detto. «Dobbiamo trovare strategie nuove, come un permesso di soggiorno per esigenze di lavoro, e un piano nazionale per l'integrazione».

Ma è sulle dolci colline di Fermo, nelle Marche, che si è sottoscritto un «patto». Presso la Comunità di Capodarco, il

7 dicembre 2009, don Vinicio Albanesi ha invitato tre importanti personaggi politici, Gianfranco Fini, Beppe Pisanu e Pier Ferdinando Casini, a dibattere su accoglienza, integrazione e cittadinanza. «Il patto che vi propongo», ha detto don Vinicio, «è di abbandonare i temi legati alla piccola politica e di guardare al Paese e a quanti hanno problemi e necessità. L'immigrazione, oggi, chiede al Paese un salto di qualità, superando la contrapposizione tra diritti e doveri, in un *humus* generale di accoglienza».

Perfetta la sintonia fra i tre politici, ciascuno con percorsi e «culture» differenti. «Dobbiamo cominciare a ragionare per unire», ha detto il leader dell'Udc, Casini. «Temo una politica che esaspera le paure e istilla veleni. Compito della politica è guidare il Paese, senza sollecitare le paure di fronte all'immigrazione». Per Casini è necessario pensare alla cittadinanza come al processo di maturazione del senso di appartenenza morale degli stranieri alla comunità italiana.

Pisanu, da parte sua, ha aggiunto: «Agli stranieri dobbiamo offrire un patto basato sulla reciprocità, perché c'è un comune interesse dell'immigrato e della società ad andare d'accordo. Senza volere che rinuncino alla loro identità sociale e religiosa, ma pretendendo che rispettino la nostra identità, ordinamenti e cultura».

Per Fini, «il dovere della politica è quello di mettere tutti in condizioni di piena cittadinanza, sia gli italiani, sempre più divisi tra chi ha e chi non ha, sia gli stranieri». Sul tavolo del dibattito c'era la proposta bipartisan Sarubbi-Granata, rispettivamente del Pd e del Pdl, per introdurre in Italia lo *ius soli*, invece dello *ius sanguinis*, come criterio per diventare italiani. Fini, Casini e Pisanu convengono sul fatto che l'immigrazione è una questione cruciale per lo sviluppo del Paese. Ma anche per l'Europa. «Non la si può affrontare», ha detto Pisanu, «con miserabili contese o speculazioni elettorali. È arrivato il momento di affrontarla nel suo insieme». L'ex ministro dell'Interno si sfoga: «Singolare che ad occuparsi di immigrazione in Italia, e solo nel nostro Paese, non sia il ministero degli Esteri o degli Affari sociali, ma il Viminale. Come fosse un problema di sicurezza».

Sulla stessa linea, Carmelo Briguglio, vicecapogruppo del Pdl, avanza un'interessante proposta: «Occorre creare in Italia un ministero dell'Immigrazione e dell'Integrazione, scorporandone le competenze dal dicastero dell'Interno, sul modello di altri Paesi come la Francia, per sottolineare che l'immigrazione è una questione con uno spessore sociale e culturale, che non può essere ridotta a mera questione di ordine pubblico». Ma l'ipotesi di un ministero *ad hoc* per gli stranieri è bollata come «provocazione» o «strada impraticabile» dalla maggioranza. «Nessuna forzatura sulla cittadinanza», replicano in coro i portavoce. «Sì ai cambiamenti alla legge sull'immigrazione, ma solo per renderla più severa». Quanto al voto agli extracomunitari, non se ne parla neppure. «Non è nel programma di governo», taglia corto un ministro («la Repubblica», 9 dicembre 2009).

Ma la politica non può disinteressarsi di questi temi. Anche se, come ha detto a Genova Fini, visitando la mostra «La Merica» (14 novembre 2009), «deve imparare a guardare oltre la punta del proprio naso, perché su certe sfide le vecchie etichettature centro-sinistra-destra sono superate». «Essere italiani», è la sua convinzione, «non significa essere nati in Italia, ma amare questo Paese». Il Parlamento troverà il tempo per mettere all'ordine del giorno la cittadinanza agli stranieri? Forse è distratto o troppo preso da altre occupazioni. La Camera dei deputati ha impegnato un'intera giornata per discutere come mozzare la coda dei cani. Purtroppo, senza neanche riuscire a trovare un'intesa. Neanche su questo.

Venti giorni per il permesso. Sulla carta

Il dibattito sulla cittadinanza agli stranieri, ma anche il problema dei rinnovi dei permessi di soggiorno, subiscono in Parlamento vicissitudini varie, tra rinvii e sospensioni, senza arrivare a una soluzione. Ormai più che necessaria. Certi ritardi sono insopportabili, non degni di un Paese civile e moderno. Secondo un sondaggio, interrogati sul perché desiderino la cittadinanza italiana, il 57 per cento degli immigrati intervistati, esasperato, ha risposto: «Per non dover più rinnovare il permesso di soggiorno».

Gian Antonio Stella, sul «Corriere della Sera» del 13 gennaio 2010, al ministro Maroni che continua a ripetere che «lo Stato ha il dovere di far rispettare le leggi», ricorda che nel testo che regola l'immigrazione è scritto: «Il permesso di soggiorno è rilasciato, rinnovato o convertito entro venti giorni dalla data in cui è stata presentata la domanda». Stella si chiede se le leggi valgono per tutti o solo per gli immigrati. Secondo dati ufficiali del Viminale, gli uffici pubblici italiani per rilasciare documenti a chi ne ha diritto impiegavano, l'anno scorso, mediamente 291 giorni. In alcuni casi dodici-tredici mesi. E nel frattempo? Non tutti riconoscono le «ricevutine» che le Poste rilasciano agli immigrati che vanno a chiedere il rinnovo, e si vedono ritirare il documento. Mentre le sue pratiche girano per mesi tra un ufficio e l'altro, lo straniero non può prendere in affitto la casa, ha difficoltà per la patente o negli ospedali. O, anche, per riconoscere un figlio o iscriverlo a scuola. Se poi, nell'attesa, perde il lavoro, diventa un inferno. Grazie all'assurda burocrazia. Nonostante la tanto sbandierata «semplificazione», che ha addirittura un ministero, con tanto di «ministro». Solo proclami, perché tutto resti come prima. Terribilmente complicato.

Lo Stato non può limitarsi a chiedere, deve facilitare e dare qualcosa in cambio. Per i bambini nati in Italia, ma anche per chi è arrivato da piccolo nel nostro Paese, insistere che possono diventare cittadini italiani solo al compimento del diciottesimo anno d'età è una forzatura. Non funziona. In Europa va diversamente. La stessa Grecia, severa nel contrastare l'immigrazione clandestina, è orientata ai cinque anni per la cittadinanza e alla concessione del voto locale. Non si capisce perché quel che chiediamo agli immigrati non lo pretendiamo dai discendenti dei nostri emigrati all'estero, che non parlano la nostra lingua, non hanno studiato in Italia, non riconoscono le nostre istituzioni, non pagano nemmeno le tasse da noi. Eppure, hanno cittadinanza italiana, possono votare e mandare i loro rappresentanti in Parlamento. La sopravvivenza del secondo governo Prodi era legata a un paio di parlamentari eletti all'estero che, a ogni votazione in aula, tenevano in fibrillazione il Paese intero.

Per le nozze la cittadinanza in regalo

Secondo il *Dossier* Caritas-Migrantes 2009 l'intreccio tra i nuovi venuti e la società che li ha accolti è sempre più stretto. E vanno oltre il semplice rapporto di lavoro. Le acquisizioni di cittadinanza (quasi quarantamila nel 2008) sono quadruplicate rispetto al 2000. La rigidità delle norme non frena il dinamismo dell'integrazione. Ormai, in quattro casi su dieci si acquisisce la cittadinanza a seguito della residenza maturata. Ciò nonostante, l'Italia è distante dagli altri Paesi europei per numero di concessioni. Solo settima nella graduatoria. Le critiche vanno dai tempi lunghi per la regolarizzazione all'assenza di un riconoscimento automatico dei bimbi nati in Italia. La Lega, che vorrebbe più restrizioni alla «cittadinanza facile», invoca una nuova Lepanto per bloccare l'islam, alle porte d'Europa.

Dai dati dei primi sei mesi del 2009, si nota un'inversione di tendenza. Le richieste di cittadinanza presentate sono state 31.617, quelle accolte 20.063 contro le 739 respinte e le 679 ritenute inammissibili. C'è da dire che, come è restrittiva la naturalizzazione dei bambini nati in Italia, è stata larga la cittadinanza concessa per matrimonio, con vere e proprie truffe di matrimoni finti e combinati. Delle 20.063 richieste di cittadinanza accolte, la maggior parte (11.450) lo sono state per diritto di residenza; l'hanno ricevuta tutti coloro che sono vissuti in Italia, con regolari permessi, per almeno dieci anni. Oppure coloro che sono nati nel nostro Paese e hanno raggiunto il diciottesimo anno d'età. Sono calate invece, rispetto all'anno precedente, le cittadinanze ottenute per matrimonio con un italiano o un'italiana. Le spose con la cittadinanza italiana come dono di nozze sono state soprattutto romene, ucraine, albanesi e brasiliane.

Quanto al diritto di cittadinanza in base alla nascita, la Comunità di Sant'Egidio segnala che «se nasci negli Stati Uniti sei, automaticamente, cittadino Usa. Non è lo stesso per l'Italia». E lancia un appello al Parlamento: nel nostro Paese ci sono ottocentomila bambini immigrati, di cui più di cinquecentomila nati da noi. «Perché, invece di continuare a trattarli da stranieri, non li riconosciamo come italiani e li usiamo da moltiplicatori dell'integrazione?» («Corriere della Seraa», 23 dicembre 2009).

La proposta di Gianfranco Fini di avvicinare l'Italia al resto d'Europa, dando la cittadinanza agli stranieri, abbassando da dieci a cinque gli anni richiesti di effettiva permanenza nel nostro Paese, trova una forte resistenza in Parlamento. Eppure, una revisione della legge ci allineerebbe all'Unione europea. Come ricorda monsignor Saviola, direttore generale della Fondazione Migrantes: «A fronte di un'immigrazione stanziale e di una crescente sensibilità per i diritti dei minori, quasi tutti gli Stati europei hanno introdotto, o rafforzato se già l'avevano, l'acquisto della cittadinanza per nascita sul territorio. L'Italia è rimasta indietro, mantenendo il principio dell'acquisto della cittadinanza per discendenza o filiazione. Cosicché il figlio di stranieri nato in Italia non è italiano. E solo la residenza legale e ininterrotta fino al raggiungimento della maggiore età gli consentirà di farne richiesta e di diventare cittadino. Se non si giunge a una riforma in tempi brevi, crescerà il senso di disaffezione nei confronti del nostro Paese».

Oggi, in Italia, siamo davvero lontani anni luce dal beato Giovanni Battista Scalabrini, il «padre dei migranti», che già alla fine dell'Ottocento parlava di emigrazione come di una provvidenza, perché «perfeziona le civiltà e allarga il concetto di patria oltre i confini materiali, facendo patria dell'uomo il mondo» («Famiglia Cristiana», n. 2/2008).

Sulla cittadinanza agli immigrati, Sergio Marelli, segretario generale della Focsiv (Federazione organismi cristiani di servizio internazionale volontariato), che riunisce sessantaquattro organismi cattolici impegnati nel volontariato e nell'accoglienza, boccia il dibattito in Parlamento. «Il testo della nuova legge sulla cittadinanza agli immigrati», ha scritto in un comunicato stampa del 23 dicembre 2009, «non solo conferma la linea di chiusura di questo governo nei confronti del fenomeno migratorio. Ma, anacronisticamente, vede nello straniero solo un problema e non una risorsa, come tutti i dati riguardanti l'economia e il welfare italiano confermano». Ha aggiunto: «Quello che ci preoccupa è il rischio che, neanche questa volta, l'Italia arrivi a riconoscere la cittadinanza ai figli nati in Italia da stranieri regolari. Un fatto che, come Focsiv, giudichiamo grave».

Preoccupazione legittima, quella di Marelli, perché la Lega, per bocca del capogruppo alla Camera Roberto Cota, ha ribadito con forza: «Non abbiamo bisogno di attirare immigrazione, ma di gestire il fenomeno stringendo le maglie. Non possiamo mandare messaggi sbagliati. La cittadinanza facile sarebbe una grande calamita, che attirerebbe immigrati che non possiamo ricevere» (la Repubblica.it, 22 dicembre 2009).

L'incontro tra razze diverse
Che sta succedendo all'Italia cristiana?

Quando il Vangelo scolorisce

Le parole sono state nette. La condanna altrettanto dura. Anche se non c'era un riferimento diretto ai fatti di Rosarno, in Calabria. «La violenza», ha detto Benedetto XVI all'Angelus di domenica 10 gennaio 2010, «non deve essere mai, per nessuno, la via per risolvere le difficoltà». E, pensando alle condizioni dei migranti che cercano una vita migliore, ha rimarcato con forza: «Un immigrato è un essere umano, differente per provenienza, cultura e tradizioni, ma è una persona da rispettare e con diritti e doveri, in particolare, nell'ambito del lavoro, dove è più facile la tentazione dello sfruttamento, ma anche nell'ambito delle condizioni concrete di vita».

«Bisogna ripartire dal cuore del problema», ha aggiunto. «Bisogna ripartire dal significato della persona. Il problema è, anzitutto, umano. Invito a guardare il volto dell'altro e a scoprire che egli ha un'anima, una storia e una vita – è una persona – e che Dio lo ama come ama me».

Alle parole del Papa fa seguito l'articolo di Giulia Galeotti sull'«Osservatore Romano» (11-12 gennaio 2010), dal titolo «Tammurriata nera», che esamina il rapporto fra italiani e razzismo. L'attacco è folgorante, presto oggetto di dibattiti e critiche. «Oltre che disgustosi», esordisce la Galeotti, «gli episodi di razzismo che rimbalzano dalla cronaca ci riportano all'odio muto e selvaggio verso un altro colore di pelle, che credevamo di aver superato. Per una volta, la stampa non enfatizza: un viaggio in treno, una passeggiata nel parco o una partita di calcio non lasciano dubbi. Non abbiamo mai brillato per apertura, noi italiani dal Nord in giù. Né siamo stati capaci di riscattarci, quando il 'diverso' s'è fatto più vicino, nel mulatto, a prescindere dalle diversissime cause per cui ciò è avvenuto. Ben difficilmente abbiamo considerato quel bambino come nostro, al pari dei nostri».

E conclude: «Davvero a nulla, in questo, è servito l'esempio americano; l'Obama-mania che imperversa trasversalmente, dalla politica all'arte, dallo stile al linguaggio, non ha invece fatto breccia alcuna nel dimostrare il valore dell'incontro tra razze diverse».

Il problema stranieri tocca la Chiesa, in profondità. Non è faccenda che riguarda solo la società civile e la politica. Preti e parrocchie ne dibattono. Non sempre con posizioni condivise. La realtà è variegata e le sensibilità diverse.

Le ombre dei campanili, soprattutto nelle regioni ricche del Nord, sembrano accorciarsi. Fino a sparire, quasi del tutto, in città e paesi che hanno partorito fantasie xenofobe, di rigetto e non di accoglienza dello straniero. Il Paese fatica a trovare il bandolo di una matassa che si fa intricata. L'etica pubblica è ai minimi storici. Smarrita tra cattivi esempi pubblici, anche dall'alto della politica, e rassegnata comprensione dal basso, che sfiora la complicità. Mancano parole di verità. Si diffonde, nella società, l'idea che Dio e religione sono un affare privato.

Ci sono frasi nel Vangelo che imbarazzano e fanno vergognare. Alcune su tutte: «Avevo fame e mi avete dato da mangiare... ero straniero e mi avete accolto». Sembrano non avere più cittadinanza. Anche nel cuore di tanti cattolici, distratti da parole d'ordine come sicurezza e legalità. Di fronte a schegge impazzite dell'intolleranza, anche i cattolici girano lo sguardo altrove. Non si salvano i politici credenti, che pensano a «galleggiare» e a salvaguardare le alleanze. A ogni costo. Perché così si vince e si mantiene il potere. Pazienza se il Vangelo scolorisce.

Accoglienza, solidarietà, «obiezione morale» sono parole

«deplorevoli». Al massimo, da lasciare ai soliti «preti di strada», che operano nel sociale. Come se il Vangelo non riguardasse tutti. Come se i politici cattolici non dovessero, un giorno, rendere conto davanti a Dio della giustizia e dell'amore dato o negato. Ma il tribunale divino è difficile da addomesticare. Non c'è lodo che basti.

«Com'è possibile», ha scritto monsignor Sebastiano Dho, vescovo di Alba, «che molti cristiani, almeno quelli che si dicono tali e ci tengono a esibirlo, sostengano in maniera determinante e si glorino di propugnare e attuare, quale programma di governo, teorie razziste e xenofobe, chiaramente in diretto contrasto con i princìpi evangelici?» («Famiglia Cristiana», n. 32/2009). Il richiamo a non separarsi dal Vangelo vale per tutti, non solo per i preti. Contro la tendenza al ribasso, ignorando ciò che è scomodo o disturba. Come capita per gli immigrati, appunto.

Diavolo e acquasanta sempre insieme

Che sta succedendo alla cattolica Brescia? Se lo chiede don Fabio Corazzina, parroco di Santa Maria in Silva, assieme a due suoi collaboratori, Claudio Treccani e Francesca Martinengo, in una lettera inviata a «Bresciaoggi» il 4 dicembre 2009, e ripresa sulle pagine di «Famiglia Cristiana» (n. 52/2009).

«Cara Brescia cattolica», scrive don Fabio, «fammi capire che ti sta succedendo. Settecento missionari sparsi per il mondo ad annunciare il Vangelo; ottocento sacerdoti, cinque istituti per le missioni; più di centocinquanta associazioni impegnate nella cooperazione; cinquanta gruppi missionari. E poi, la banca etica, che fa la sua parte; il commercio equo e solidale, che ha ventinove negozi; le sette Organizzazioni non governative, che da anni operano per il Sud del mondo... Non manca, certo, l'attenzione agli ultimi e ai poveri».

«La verità», continua il parroco bresciano, «è che c'è qualcosa che non funziona più, al di là di questa luminosa facciata. E di questa gloriosa storia. Qui da noi, diavolo e acqua santa sono sempre stati insieme. Siamo tra i primi produttori e commercianti di armi al mondo (e non se ne può parlare!). Anche nelle nostre parrocchie, fra preti e religiosi, sta crescendo una cultura ben lontana dal Vangelo: si raccolgono firme per difendere il crocifisso, ma lo si brandisce come una spada! Dilaga la violenza verbale, aumentano i gesti contro gli stranieri. Ci mancava pure l'ultima trovata del Cie (Centro di identificazione ed espulsione), che non renderà Brescia più sicura, ma più conflittuale. Maltrattiamo l'ambiente in cui viviamo, privilegiamo la cementificazione e l'inquinamento. Vogliamo guadagnare su tutto, privatizzando anche l'acqua, un bene che spetta a tutti».

E ancora: «Consumiamo, a testa, venticinque volte più di un abitante dei Paesi del Sud del mondo. Tolleriamo e votiamo leggi inique. Mettiamo a tacere la coscienza e ci intruppiamo in logiche di potere e di partito. Ci lamentiamo dei silenzi e delle connivenze della Chiesa ma, anche noi, non brilliamo per fede adulta. Chiediamo privilegi, che non riconosceremo mai ad altri. Inneggiamo al Papa e poi, con delibere, calpestiamo la dignità delle persone e i diritti umani. Ci turba la violenza insensata, come l'odio che cresce nelle nostre comunità. Pretendere giustizia e legalità non ci esime dal dovere dell'ospitalità e dell'accoglienza. Chiediamo attenzione per le famiglie ma, al tempo stesso, nel nome della sicurezza, respingiamo interi nuclei familiari. Il rispetto formale delle leggi non sempre si coniuga con la libertà di coscienza e il bene dell'uomo. Chi brandisce il crocifisso e inneggia al 'bianco Natale' o vuol mettere la croce sulla bandiera italiana dovrebbe fermarsi a leggere il Vangelo. E viverlo ogni giorno».

Il battagliero parroco conclude: «Perché le comunità cristiane balbettano e tacciono? Perché così tante diffidenze e paure, fino a farci incattivire l'un contro l'altro? Nei nostri paesi, a maggioranza cattolica, oggi è più facile sentire una bestemmia che una parola di speranza. Si privilegiano posti di potere e poltrone, a scapito di una vita libera, in dialogo col resto del mondo. Eppure, Gesù ci chiede di stare dalla parte degli ultimi, di servire e non farci servire, di scegliere Dio e non il denaro, di costruire la pace e non la violenza».

Botta e risposta tra parroco e missionario

Il dibattito su immigrati e pacchetto sicurezza spacca il clero. Li contrappone, anche con toni vivaci. Come dimostra il «botta e risposta» tra un prete, don Sergio Zandri, parroco di Arcevia (Ancona), e padre Marcello Storgato, missionario e direttore del mensile «Missionari Saveriani», che ha pubblicato le due lettere, nel mese di ottobre 2009.

Così don Sergio scrive a padre Marcello: «Pensavo e speravo che, almeno, i missionari saveriani non diventassero 'codini sinistri', politicamente corretti! Vedo che non è così. E via, anche voi con le solite 'lagne' contro il governo che non accoglie, che elude il problema, che è miope; mentre dovremmo imitare l'esempio degli altri Paesi europei. Il governo, e anche il sottoscritto, come molti cittadini italiani, non vogliono i clandestini. Voi, forse, li volete? Io e molti cattolici pensiamo che ognuno dovrebbe stare a casa propria. E che si dovrebbero instaurare politiche ed economie che risolvano i problemi nei Paesi dai quali si fugge. È scoprire l'acqua calda? Sì, ma perché voi missionari, Caritas, 'Famiglia Cristiana' e compagnia bella non parlate mai di una politica e di un'economia più equa a livello mondiale? E perché, sempre voi, non dite che, invece, l'Europa se ne frega del problema dei migranti e lascia sola la nostra Italia a risolverlo? Insomma, voi riviste missionarie e cattoliche perché non fate meno sociologia e ci parlate un po' di più di Cristo e di missione?».

La risposta di padre Marcello, direttore di «Missionari Saveriani», è altrettanto precisa. Punto su punto. «Con te, caro don Sergio», scrive, «posso parlare col cuore in mano, da prete a prete. E anche da coscritto, con i nostri quarant'anni di vita sacerdotale. Il tuo messaggio mi ha lasciato mezzo tramortito. Metti insieme, in un fascio, una 'gran bella compagnia'. E tu resti fuori a giudicare. Non so con quali criteri ci fai diventare 'codini sinistri'. E tu dove ti piazzi? E Cristo dove lo metteresti, tra i 'codini destri' o 'quelli sinistri'? Sarà meglio, per te e per me, pensare a dove ci sbatterà Cristo: alla sua destra tra i 'benedetti', oppure alla sua sinistra, caproni 'maledetti', perché non l'abbiamo accolto. O perché gli abbiamo detto: 'Prima vattene a casa tua, poi l'Europa provvederà a instaurare una politica che risolva il problema tuo e di tanti altri miserabili come te'. È un vezzo antico. Ne parla anche l'apostolo Giacomo (un altro bel 'codino sinistro'?): 'Se dici andatevene in pace, riscaldatevi e saziatevi, senza dar loro il necessario, a cosa serve? Insensato, vuoi capire che la fede senza le opere non ha valore?'.

Come missionario, io non mi metto in coda a nessun altro se non a Cristo, per mantenere il dono della libertà evangelica e cercare di vedere le cose con i suoi occhi. Ricordi Emmaus? Anche tu, sulle strade di Arcevia, prova a raggiungere tutti coloro che il Padre celeste mette sul tuo cammino, per accoglierli e amarli come solo lui sa amare. Senza badare a colori e provenienze, per interessarti ai loro problemi e aspirazioni, riscaldarne il cuore con l'annuncio di Cristo e farti invitare a 'casa loro'. Anche la sera. Fallo ad Arcevia, fino agli estremi confini della terra, perché tu sei prete per tutti. Se no, che senso dai alla Messa quando ripeti le parole di Cristo: 'Prendete e mangiatene tutti... prendete e bevetene tutti?'. Caro don Sergio, ti ho parlato un po' di Cristo e di missione, come volevi. A volte, noi preti siamo 'stolti e lenti di cuore'».

Quando la Chiesa annuncia il Vangelo, viene accusata di fare politica. O di prendere parte per l'uno o l'altro schieramento. Il Vangelo, annunciato nella sua interezza, guarda solo alla dignità di ogni essere umano. Non fa calcoli politici, bada ai diritti della persona. Di ogni persona, senza distinzioni. Così, a fronte di un programma che mira all'espulsione, più che ad accogliere gli immigrati, la Chiesa non può tacere. Di fronte alla mano pesante nell'impedire i ricongiungimenti familiari o nell'ostacolare le richieste di asilo, che cosa dovrebbe dire la Chiesa, se non quanto è già incluso nel Vangelo?

Se un ministro cattolico rispedisce al mittente, cioè alla Chiesa, le critiche alle politiche sull'immigrazione e accusa il cattolicesimo italiano di non aver mai avuto, storicamente, una proposta per combattere la povertà e la fame nel mondo, dà prova di non essere informato e preparato. Basta solo elencare qualche argomento, per evidenziare le contraddizioni. Benedetto XVI, il 17 agosto 2008, prende posizione contro «ogni forma di discriminazione razziale», mettendo in guardia dal pericolo di un rinascente razzismo nel mondo. Il governo decide di non spendere un solo euro per l'integrazione degli stranieri, ma stanzia 115 milioni di euro per i nuovi centri di identificazione, dove rinchiudere i clandestini in attesa d'espulsione.

A chi considera l'immigrazione un'emergenza d'ordine pubblico e potenzia le attività di contrasto, don Vittorio Nozza, direttore della Caritas, ha risposto sull'«Osservatore Romano» del 26 settembre 2008: «La politica deve operare affinché si determinino cambiamenti nell'opinione pubblica imperante. Piuttosto che intercettare e manipolare gli umori della gente, amplificando paure e incertezze». Alla cultura dell'intimidazione verso gli irregolari, che si sta diffondendo in Italia, Benedetto XVI ricorda che gli immigrati sono «nostri fratelli», per i quali prevedere politiche d'accoglienza. A chi vuol demonizzare l'immigrazione, la Chiesa lancia l'invito a gestirla senza aggressività, trasformando «*lo choc in una chance*», come dice Andrea Riccardi, della Comunità di Sant'Egidio. Calpestare l'immigrazione è un crudele e pericoloso boomerang. Che può tornarci addosso. Per la Chiesa la vera sicurezza nasce da una piena integrazione.

In tutto il Nord, sacerdoti, frati, suore contestano il pacchetto sicurezza. Dal Piemonte al Veneto. Tante voci critiche, nel nome del Vangelo. Come quella raccolta da Alberto Chiara per «Famiglia Cristiana» (n. 32/2009). È di don Chiaffredo Olivero, meglio noto a tutti come «don Fredo». Per lui le nuove norme garantiscono poca sicurezza agli italiani e la negano del tutto agli extracomunitari. Il suo pensiero, più articolato, l'ha espresso su una lettera, fatta appendere in via Cesole 42, a fianco dell'Ufficio per la pastorale dei migranti dell'arcidiocesi di Torino, di cui è coordinatore.

«Carissime sorelle e carissimi fratelli», scrive, «credo che stiate vivendo il tempo peggiore della vostra vita per le difficoltà che il pacchetto sicurezza e l'atteggiamento di alcuni italiani sta creando a tutti. Non lasciatevi vincere dalla paura. È il tempo di reagire lucidamente e creare solidarietà tra di voi e con i cittadini italiani, le associazioni e le istituzioni locali che difendono il vostro diritto di essere fratelli come uomini e donne, con tutta la dignità che merita la vostra diversa cultura. Noi continueremo a lottare con voi perché nella Chiesa nessuno è straniero e la Chiesa non sia straniera a nessuno».

La data della lettera, 24 luglio 2009, è la stessa del numero della «Gazzetta Ufficiale» che pubblica le «nuove disposizioni in materia di pubblica sicurezza». «È una legge di cui non si può andare fieri», incalza don Fredo. «Per quanto mi riguarda, io proseguirò ad assistere il mio prossimo, senza chiedergli di mostrarmi il permesso di soggiorno. Bisogna obbedire a Dio piuttosto che agli uomini. Dunque, faccio obiezione di coscienza. Non è un atto eversivo. Vivo con appassionata adesione i miei doveri di cittadino. Rispetto lo Stato, di cui mi sento parte attiva. Qui, però, è in gioco l'amore, quello pieno, che ha regole esigenti e getta radici profonde. Al termine della mia vita Gesù mi chiederà che ne ho fatto del suo Vangelo: 'Ho avuto fame e mi avete dato da mangiare, ho avuto sete e mi avete dato da bere, ero forestiero e mi avete ospitato'».

Don Fredo contesta la necessità di esibire il permesso di soggiorno per tutti gli atti di stato civile e per l'accesso ai servizi. «Ciò significa», aggiunge, «che quanti non sono in regola si porranno il problema se iscrivere o meno i propri figli agli asili nido o alle scuole dell'infanzia, aggravando il fenomeno, già esistente, dell'invisibilità dei bambini extracomunitari. E trovo ingiusto il contributo richiesto, da 80 a 200 euro, per il rilascio del rinnovo di ciascun permesso di soggiorno. Il che equivale, per una famiglia media di immigrati, a mezzo stipendio o a uno intero».

Conclude don Fredo: «Da quest'ufficio, negli ultimi cinque anni, sono passati circa quarantacinquemila stranieri, per il 50 per cento musulmani, per il 20 per cento ortodossi e per il 30 per cento cattolici o protestanti. Abbiamo sempre accolto e seguito tutti, regolari e clandestini. E continueremo a farlo».

Sulle stesse posizioni di don Fredo è il Centro Astalli di Roma per l'assistenza agli immigrati. Il presidente, padre Francesco De Luccia: «Gli irregolari», dice, «non vanno demonizzati. La presenza di persone senza documenti nei Paesi occidentali è un fatto endemico, normale. La dignità di una persona non è data dal permesso di soggiorno. Non è sensato pensare che queste persone, perché non hanno documenti, non debbano essere aiutate. O, addirittura, che chi li aiuta commette un reato. Questo è folle. Sono tanti i processi attraverso i quali la persona diventa irregolare. Gli irregolari sono poi sfruttati dal mercato del lavoro, sono ricercati dai datori di lavoro, perché sanno di poterli pagare poco. Questa non è colpa dell'irregolare, non lo si può perseguire per questo» (Istituto Vittorio Bachelet, *Immigrazione e cittadinanza*, Dossier 3/2009).

Intervistato per «Dossier/Famiglia Cristiana», «Immigrazione, la nuova Italia multietnica» (maggio 2003), un altro prete, Bruno Mioli, direttore della pastorale dell'immigrazione per Migrantes, sul ruolo della Chiesa a favore dell'integrazione ha risposto: «Vogliamo svegliare la sensibilità delle istituzioni, scottati anche dalle esperienze degli italiani che, andati a lavorare in Germania o in Svizzera, hanno dovuto attender anni per ricongiungersi alle famiglie, lasciando magari i figli dai nonni o dagli zii o in istituto. Quando, finalmente, potevano vivere con loro, i figli non li riconoscevano più. Favorire il ricongiungimento familiare è un altissimo valore civile, perché la vera integrazione passa dalla famiglia. Sono i figli che integrano i genitori, quando vanno a scuola e imparano il dialetto romano o milanese, tornano a casa e costringono i genitori a partecipare ai raduni scolastici: allora la porta dell'integrazione è aperta».

La Chiesa non fa alcuna distinzione, non importa se gli immigrati non sono cattolici. «Nelle nostre strutture di prima accoglienza o assistenza», continua don Mioli, «non si domanda a uno se è cattolico, musulmano o ortodosso, si fa il servizio perché è un uomo. La sua dignità va non solo riconosciuta e rispettata, ma anche aiutata. Stessa cosa vale per i ragazzi stranieri che frequentano i nostri oratori. L'oratorio San Luigi ai Murazzi di Torino stava per spegnersi, quando è stato rivitalizzato dalla presenza dei ragazzi immigrati, in gran parte musulmani. Questa tradizionale struttura educativa per ragazzi italiani diventa un luogo di integrazione fra minori italiani e stranieri, da cui c'è tutto da guadagnare e niente da perdere».

E aggiunge: «La Chiesa guarda con molto rispetto ai non cristiani. Se musulmani, buddisti, induisti a causa dell'immigrazione perdessero il senso religioso della vita, noi questo lo vedremmo come un disvalore. Certo, non sarà la Chiesa a costruire una moschea, però se si tratta di dire una parola al Comune perché si tenga conto di questa carenza, lo facciamo. L'abbiamo fatto per la moschea di Roma. Questo, nel pieno rispetto dell'autonomia delle loro religioni. Ci può essere un rispetto reciproco e, addirittura, una bella collaborazione in alcuni campi, senza fare confusione tra religioni, perché nessuno ci guadagnerebbe».

È il colmo. Per lo meno per chi vorrebbe gli stranieri fuori da Milano. Dimenticano che il santo protettore della città è uno straniero. Un «immigrato di lusso», perché Ambrogio, figlio di una famiglia aristocratica, funzionari dell'Impero, era tedesco di nascita e romano d'origine. Nato a Treviri, fu mandato a Roma per frequentare le migliori scuole di amministrazione. Poi, vita e politica lo portarono a Milano. Il 7 dicembre del 374, quando fu acclamato vescovo, non era nemmeno battezzato.

Oggi un suo successore, il cardinale Tettamanzi, è preso di mira dalla Lega perché difende gli immigrati. E perché «osa» dire che negare la possibilità di pregare e un luogo dove praticare la propria religione «è uno dei più gravi attentati alla vita e alla pace sul nostro pianeta». Milano, da tempo, è al centro delle polemiche per la costruzione della moschea. Il cardinale, più volte, ha sollecitato l'amministrazione comunale per uno o più luoghi di culto in grado d'accogliere gli islamici a Milano. Che sono tanti. Centomila nella città, il doppio nella provincia.

Le parole del cardinale fanno parte del Messaggio tradizionale che egli manda alla comunità islamica milanese, in occasione del Ramadan del 2009. I parroci delle mille e cento chiese della diocesi sono stati mobilitati per trasmetterlo ai musulmani sul territorio.

«Bisogna vincere», si legge, «quella povertà culturale che è il terreno in cui nascono e si sviluppano le forme incivili e intolleranti del fanatismo fondamentalista che nega l'altrui libertà di culto». E aggiunge: «Oggi, in diverse parti del mondo non c'è pace, perché non c'è libertà religiosa. Molti, anche cristiani, sono discriminati e perseguitati per motivi religiosi. Cristiani e musulmani devono poter convivere nella reciproca stima e nel rispetto della legalità e dell'ordinamento civile di ogni Stato laico e democratico».

Parole pacate e di buon senso, che però scatenano le ire della Lega. Critiche più esplicite e pesanti, dopo il Discorso alla città, il 7 dicembre 2009, per la festa del santo patrono Ambrogio. Al cardinale che bacchetta l'amministrazione sui temi della moralità e dell'accoglienza, esortando i politici locali a far rifiorire il tradizionale «solidarismo ambrosiano», la Lega risponde con durezza. «La Padania» titola a tutta pagina: «Onorevole Tettamanzi». E nel testo si legge: «Cardinale o imam? Se lo chiedono in molti. Tettamanzi la città la vive poco. Alla faccia della legalità che dovrebbe essere la preoccupazione anche della massima autorità religiosa. Tettamanzi ci ha abituati alle sue, alquanto originali, aperture alla presenza di moschee in ogni quartiere». E poi, l'affondo: «Il cardinale non si occupa di quel che, teoricamente, dovrebbe interessare di più la Chiesa. Cioè la sentenza sul crocifisso, l'avanzamento dell'islam, che reclama sempre più privilegi senza fare alcuna menzione dei doveri».

Il silenzio del cardinale non smorza le polemiche. La Lega rincara la dose con Roberto Calderoli, ministro per la Semplificazione, che vanta un dialogo aperto con le massime espressioni della Chiesa, quella romana, a partire dal cardinale Tarcisio Bertone, Segretario di Stato vaticano. «Avere il massimo rispetto del cardinale Tettamanzi non vuol dire abbassare la testa», afferma. «Avevo già detto che qualcuno nella Curia di Milano era figlio del cattocomunismo. La grande capacità della Chiesa territoriale dovrebbe essere la vicinanza con il territorio. E Tettamanzi col territorio non c'entra proprio nulla. Sarebbe come mettere un prete mafioso in Sicilia. Perché non parla ai milanesi? Perché non parla del crocifisso? Perché parla solo dei rom? Tra le nostre posizioni e quelle della maggioranza dei vescovi, della Chiesa romana fino alla Cei, c'è la massima assonanza. Non con quelle di Milano» («Corriere della Sera», 8 dicembre 2009).

Se è giusto porre un problema di ordine pubblico per i musulmani che, al venerdì, occupano abusivamente i marciapiedi di viale Jenner a Milano, a nessuno si può negare la preghiera, che è un diritto fondamentale. Inalienabile. Appartiene alla persona, prima ancora che al cittadino. Lo scontro sulla moschea nel capoluogo lombardo scoppia in un brutto momento per il Paese, perché si tende a non riconoscere «cittadinanza pubblica alle religioni». Tutte. Chi guarda il campanile blandisce o ricatta la Chiesa perché non si impicci della «cosa pubblica» o del «bene comune», che è compito della politica. Chi teme, invece, il minareto si batte per l'identità cristiana, salvo poi «svenderla» con la farsa di idoli e riti paganeggianti, come il dio Po e i culti celtici. O servirsene per una guerra di religione. È la sindrome di un Paese che fatica a essere normale, che stenta a tradurre nella pratica il diritto alla libertà religiosa e di culto. A Milano, capitale economica e, un tempo, anche morale dell'Italia, con una forte presenza musulmana, la questione moschea non è più rinviabile. Ma va risolta nel rispetto dei diritti di tutti, compresi i cittadini milanesi, che potrebbero subirne svantaggi. In vista dell'Expo 2015, a Milano arriveranno milioni di visitatori, molti dei quali musulmani: questi vorranno avere un luogo dove pregare. Certo, bisognerà vigilare che moschee e centri culturali non «coprano» estremisti e terroristi. Che vanno isolati e mandati a casa. Senza ripensamenti.

Quando si costruì la grande moschea di Roma, col benestare allora di Paolo VI, mai si pose la questione della reciprocità, come tanti vorrebbero per le chiese in Paesi musulmani. Ma solo quella dell'ospitalità e del rispetto. Come ricordava Giovanni Paolo II ad Assisi, il 27 ottobre 1986, al raduno di tutti i capi religiosi in preghiera per la pace: «Esistono un'altra dimensione della pace e un altro modo di promuoverla, che non sono il risultato di trattative, compromessi politici ed economici. Sono la preghiera e la testimonianza dei credenti. A qualunque tradizione appartengano».

La Lega va all'ultima crociata, propone una moratoria *sine die* sulla costruzione di nuove moschee in Italia, e spera si estenda anche agli immigrati. Sulle moschee i sondaggi danno ragione ai leghisti. A grande maggioranza. Molto gioca, in questo, il timore di attentati e del terrorismo islamico. Ma la moratoria non ha senso, anche se due presunti terroristi islamici arrestati a Milano si sarebbero allenati alla «guerra santa» nella sala di preghiera islamica di un comune della periferia. Al tempo delle Brigate rosse e del terrorismo nero, fior di terroristi in Italia avevano frequentato il catechismo. Mai nessuno s'è sognato di chiedere una moratoria sulla costruzione di nuove chiese. Perché dovrebbero diventare terroristi quelli che frequentano i luoghi di culto e non gli altri? La realtà è altra. Bloccare la costruzione di moschee rassicura la popolazione, trova e genera consenso. Ma non è detto che sia efficace. Anche per la sicurezza.

La Santa Sede e la Cei hanno osservato che le moschee devono essere luoghi di culto e non acquistare «altri volti». Se diventano altro, è compito dello Stato vigilare, perché ha gli strumenti per farlo. La Lega, in attesa che il Parlamento approvi la legge sulla libertà religiosa, e fino a quando i musulmani non sottoscriveranno un'intesa con lo Stato italiano, insiste a bloccare tutto. Non considera che se si spingono i musulmani alla clandestinità, si favoriscono le frange più radicali ed estremiste. La Francia l'ha capito da tempo, e fa sottoscrivere i progetti di nuove moschee a tutte le associazioni musulmane. Anche in Italia, se inserite nel territorio e non in periferia, e se rispettose delle leggi, le moschee non possono che favorire la crescita di un islam italiano moderato.

Il segretario della Cei, monsignor Mariano Crociata, che del dialogo interreligioso è esperto, ha spiegato che la libertà religiosa è «un'esigenza di tutti». La prevede la stessa Costituzione italiana. Lo Stato deve solo evitare che le religioni siano usate come armi nella lotta di civiltà. Dovere di tutti è far sì che ciascuno possa professare la propria fede in libertà, in pace e in luoghi di culto degni di questo nome.

Dopo i gravi attentati del terrorismo islamico in Spagna e Gran Bretagna, di qualche anno fa, nessuno ha chiesto di chiudere le moschee o sospenderne la costruzione. Così come, in Italia, nessuno s'è mai sognato di sospendere manifestazioni «pseudoreligiose» inneggianti al dio Po e agli dei del pantheon celtico.

Per la Chiesa la via milanese o romana?

A difesa dell'arcivescovo di Milano, più che la Chiesa ufficiale tirata in ballo da Calderoli, è intervenuto Massimo Cacciari, sindaco di un'altra città del Nord, Venezia. Interpellato da Oriana Liso di «Repubblica» (7 dicembre 2009), il sindaco va giù diritto: «Su questa, come su altre questioni, la Lega non sa di cosa parla. C'è una totale ignoranza sui fondamenti del cristianesimo. È davvero difficile interloquire con chi non sa che l'amore per il prossimo è quella solidarietà di cui parla il cardinale. I leghisti non solo non lo capiscono, ma non sono neanche interessati a farlo».

Alla domanda se il cardinale fa demagogia sui bambini rom, perché ha criticato gli sgomberi dei campi nomadi che hanno messo sulla strada duecentocinquanta rom, Cacciari replica: «Pensare di trattare lo straniero come nemico è un'aberrazione, frutto d'una colossale ignoranza. È compito della Chiesa, con buona pace dei leghisti, denunciare dal suo pulpito la mancanza di quelle pratiche di carità. Compito che viene svolto, allo stesso modo, da tutta la Chiesa. Su questi temi non credo esista una via milanese o romana o veneziana».

E a Calderoli, che accusa Tettamanzi d'essere l'imam di Milano, il sindaco di Venezia risponde: «Ci rendiamo conto? Per i leghisti, in un'epoca di società multietnica, dire imam è un insulto. Queste persone possono provocare danni pazzeschi. Il Paese non capisce il rischio che stiamo correndo con forze politiche del genere al governo». A chi vorrebbe che i preti si occupassero solo dei bambini all'oratorio, Cacciari risponde: «Di fronte al pericoloso imbarbarimento, è giusto che la Chiesa continui a fare critiche, che sono molto costruttive, perché denunciano un pericolo reale».

Sulla stessa onda dell'arcivescovo di Milano, il vescovo di Mazara del Vallo (Trapani), monsignor Mogavero. In occasione della Giornata mondiale del migrante e del rifugiato, del gennaio 2010, invita a farsi carico dei problemi, delle sofferenze e delle speranze che gli stranieri portano con sé. «Non è bello», scrive, «che la sola parola immigrato o immigrazione susciti reazioni fastidiose o di insofferenza. Come cristiani non possiamo accettare simile logica, perché il comandamento dell'amore non può fare alcuna discriminazione, anzi deve rivolgere verso gli ultimi le sue risorse migliori di cuore e di impegno. E gli immigrati sono davvero gli ultimi».

Penne incrociate tra politologo ed economista

Sulle pagine del «Corriere della Sera» hanno incrociato le loro penne un politologo di razza come Giovanni Sartori e un economista impegnato come Tito Boeri, professore di Economia del lavoro alla Bocconi. Motivo del contendere la questione se gli islamici possono integrarsi in Italia. E che cosa è avvenuto nel corso della storia. Tra chi propende per la «xenofobia» e sente l'immigrato estraneo, e chi è «xenofilo» perché gradisce lo straniero, il professor Sartori espone tutti i suoi dubbi, pesanti, sull'integrazione degli islamici. Tra gli xenofobi, Sartori colloca la Lega, il movimento politico che più avversa l'immigrazione. Ma non dimentica anche che, a suo tempo, Fini firmò con Bossi una legge molto restrittiva. Mentre ora s'è trasformato in un acceso sostenitore dell'italianizzazione rapida. Tra gli xenofili, sul fronte accogliente, Sartori colloca la Chiesa e la sinistra politica.

La questione non è sul colore della pelle, tra bianchi, neri o gialli, ma sull'integrabilità dell'islamico. Che cosa ci dice la storia? Per Sartori la risposta è sconfortante: non è possibile l'integrazione. Come non lo è stata in passato. Porta gli esempi dell'India e del Pakistan. Ma anche dei problemi della terza generazione di giovani islamici in Inghilterra e Francia, più infervorati e incattiviti che mai. L'islam, dice Sartori, non è una religione «domestica». «È, invece, un invasivo monoteismo teocratico, che dopo lungo ristagno s'è risvegliato e si sta vieppiù infiammando. Illudersi d'integrarlo, italianizzandolo, è un rischio da giganteschi sprovveduti. Un rischio da non correre».

Non è per nulla d'accordo Tito Boeri. Attacca subito, con ironia. «Dunque», esordisce l'economista, «Giovanni Sartori ha deciso che gli immigrati di fede islamica non sono integrabili nel nostro tessuto sociale, non devono poter diventare cittadini italiani. Non si tratta di un'affermazione di poco conto. Parliamo di circa un milione e mezzo di persone che oggi vivono in Italia».

E, per contrastare la tesi di Sartori, snocciola alcuni dati. Il 77 per cento dei maghrebini di seconda generazione immigrati in Francia ha sposato una persona di cittadinanza francese. Dichiarano di sentirsi francesi tanto quanto gli altri immigrati. In Germania un figlio di immigrato turco (al 90 per cento di religione islamica) ha la stessa probabilità di un figlio di immigrato italiano di sposarsi con una persona nata in Germania. Si identificano di più con il Paese che li ha accolti di quanto non facciano i figli dei nostri emigrati.

E pone una domanda: «Pensa Sartori, come quei sindaci leghisti che si battono contro la costruzione di moschee nelle loro città, che chi nasce in Italia, studia, lavora e paga le tasse da noi, per diventare italiano debba abbandonare la fede islamica?».

La conclusione: «Non voglio negare che ci sia un problema di integrazione degli immigrati in generale, e dei musulmani in particolare. Ma trattare di questi problemi con superficialità, alimentando pregiudizi tanto diffusi quanto lontani dalla realtà, non aiuta certo a risolverli. Impedire, poi, ai musulmani di praticare la loro religione da noi, a differenza di quanto avviene in Paesi che, da decenni, ospitano grandi comunità di fede islamica, e precludere loro a priori la cittadinanza italiana, serve solo ad allungare i tempi dell'integrazione».

Non ci sta il professor Sartori all'attacco, che definisce «sgradevole nel tono e irrilevante nella sostanza». E ribadisce che «gli islamici non si sono mai integrati, nel corso dei secoli, in nessuna società non islamica». «Fermo restando che ogni straniero mantiene la sua religione e la sua identità culturale», aggiunge Sartori, «la sua integrazione richiede soltanto che accetti i valori etico-politici di una Città fondata sulla tolleranza e sulla separazione tra religione e politica. Se l'immigrato rifiuta quei valori, allora non è integrato. E certo, non diventa tale perché viene italianizzato, in virtù di un pezzo di carta».

Non vi ha preso parte direttamente, ma il teologo Giuseppe Scattolin, su «Famiglia Cristiana» (n. 4/2010), interviene nel dibattito, tirato dentro dalla domanda di un lettore. «Trovo strano», precisa Scattolin, «che tanto grandi maestri di pensiero non si diano la minima pena di distinguere le cose. E parlino dell'islam come entità astratta, monolitica, compatta, senza nessuna diversificazione. Se avessero imparato il principio filosofico della scolastica medievale ('afferma poco, nega molto, distingui sempre'), i nostri pensatori, e anche i nostri politici, sarebbero più prudenti».

Entrando nel merito, il teologo ribadisce che l'islam è una realtà complessa. Non si possono fare affermazioni qualunquiste. Purtroppo, circolano pregiudizi generici, alimentati dall'ideologia, con cui si condanna un intero movimento solo per alcuni aspetti negativi.

«Parlando dell'islam», ricorda Scattolin, «occorre distinguere quattro aspetti fondamentali: la *fede* (aspetto dogmatico), la *legge sociale* (aspetto giuridico), la *civiltà* (aspetto culturale), la *politica* (questione dello Stato islamico). Fra questi aspetti, quelli che fanno seria difficoltà per un'integrazione degli islamici nelle società occidentali sono la 'legge islamica' (la *shari'a*), che è fondamentalmente discriminante contro i non-musulmani (lo prova la storia sia passata che presente), e la politica che è 'imperialista' e di conquista».

E aggiunge: «Su questi punti deve concentrarsi la riflessione di tutti, musulmani e non, per liberare l'islam dai due legami che lo oppongono alle società democratiche. Condizione indispensabile, questa, per l'integrazione dei musulmani nelle nostre società. Se non succede una seria riforma su questi punti, i musulmani diverrebbero, facilmente, 'quinte colonne' di potenze straniere, guidate dai vari fondamentalismi islamici».

«Nessuno può proibire la fede islamica», conclude, «e nessuno può negare l'aspetto positivo della cultura e della civiltà islamiche nella storia. Posizioni qualunquiste, xenofobe o xenofile, o buoniste senza discernimento, aiutano solo a confondere le idee senza un apporto positivo».

«Queste nozze non s'hanno da fare»

Osserviamo i dati e il panorama multireligioso, che turba molti credenti, oggi, in Italia. Anche per una malintesa volontà di difesa della religione cristiana. In realtà, oltre la metà degli immigrati nel nostro Paese è cristiana. I musulmani sono un terzo; le religioni orientali meno di un decimo. In misura più ridotta, seguono altre appartenenze. Come riporta il *Dossier* Caritas-Migrantes 2009, secondo l'Agenzia dell'Unione europea per i diritti fondamentali l'Italia è tra gli Stati membri più intolleranti verso i musulmani. Un intervistato su tre ha dichiarato di aver subito un atto di discriminazione negli ultimi dodici mesi.

Più positiva, invece, risulta l'esperienza con gli ortodossi, i cui preti celebrano le loro liturgie nelle chiese cattoliche, messe a disposizione da vescovi e parroci. «Senza confusione e sincretismi», precisa il *Dossier*, «questo nuovo scenario dovrebbe aiutare a far riscoprire il senso religioso, a lavorare insieme per le opere di pace e il benessere della società. E non usare Dio come un'arma contro i fedeli di altre religioni. Vissuta così, la presenza multireligiosa può costituire un'opportunità di crescita individuale e collettiva, con riflessi positivi anche sui Paesi d'origine».

Una frontiera nuova e avvincente è costituita dai matrimoni di religione mista. Anche se difficile da presidiare.

Quelli tra cristiani e musulmani sono un fenomeno crescente. Non è solo la «disparità di culto» a creare qualche problema, è importante conoscere costumi e diritti di chi professa un altro credo. Ma le famiglie interetniche, in Italia come altrove in Europa, sono sempre più numerose. Al loro interno si intrecciano norme, valori e comportamenti dissimili, che mettono a contatto stretto differenze e identità culturali diverse. In dodici anni, dal 1995 al 2007, in Italia sono stati celebrati più di 222.000 matrimoni misti, dei quali 23.500 nell'ultimo anno, pari circa a un decimo del totale. Esistono, certo, anche i fallimenti, dovuti alla mancanza di una seria preparazione individuale. O, anche, a uno sbagliato approccio interculturale della relazione, cui si aggiunge, spesso, un non favorevole *humus* sociale. Che non sostiene, e talora osteggia, i matrimoni misti. Il fallimento di tali unioni, in cifre, vuol dire il 6,7 per cento di separazioni e il 5,7 per cento di divorzi. Se rapportati ai dati più generali della popolazione e dei matrimoni celebrati, non costituiscono una particolare anomalia.

Il pacchetto sicurezza ha colpito i matrimoni misti. Anche in questa materia, si sta avverando la facile profezia di monsignor Agostino Marchetto, che aveva detto: «È una legge che porterà dolore». L'onda del reato di clandestinità è arrivata a travolgere anche i matrimoni tra stranieri e i matrimoni misti, quando un immigrato è irregolare. Ironia della sorte, appena entrata in vigore la legge, il primo caso di divieto, ad aprire le danze, è toccato a Verona, la città di Giulietta e Romeo. E dell'amore eterno.

Agenzie e giornali hanno sposato la tesi diffusa dal ministero dell'Interno, e cioè che, finalmente, si metteva fine alla piaga dei matrimoni combinati al solo scopo di ottenere un permesso di soggiorno e la cittadinanza. Dietro cui si cela spesso un vero e proprio racket. L'Associazione matrimonialisti italiani, a supporto delle tesi ministeriali, ha quantificato i matrimoni di convenienza in trentamila nell'arco di dieci anni. E parlato di tribunali intasati da pratiche di separazione e divorzio. Molto difficile, in realtà, individuare i matrimoni combinati. Come dimostra una comunicazione della Commissione europea al Consiglio d'Europa e al Parlamento di Strasburgo, contenente una lunga lista di condizioni che devono essere soddisfatte per parlare di nozze di convenienza.

Ma dato per scontato che ci sono tanti matrimoni truffaldini, perché impedire che uno straniero possa sposare un'italiana solo perché non è in possesso di un regolare permesso di soggiorno? Perché impedire che migliaia di stranieri clandestini, badanti comprese, possano innamorarsi, amarsi e creare una famiglia fondata sul matrimonio e protetta giuridicamente? In spregio a un diritto fondamentale della persona, sancito dalla Costituzione italiana (articoli 29 e 30), dalle leggi dell'Unione, dalla Convenzione europea dei diritti dell'uomo. E da quel diritto naturale e universale che muove il mondo, e che è alla base del Vangelo: l'amore.

In Francia una proposta di legge simile a quella italiana è stata bocciata dal Tribunale costituzionale. In Italia, «quelle nozze non s'hanno da fare». La legge sembra scritta da don Rodrigo, di manzoniana memoria. E se una sentenza, prima o poi, la spazzerà via, che importa? Nel frattempo, la parte politica che l'ha proposta ha incassato voti e consensi. Che importa se sarà stata un'inutile «grida»? E pazienza se qualche centinaio di migliaia di extracomunitari avranno dovuto rinunciare al loro sogno. Di sposarsi e metter su famiglia.

Ecco perché la Chiesa è prudente

In dieci anni c'è stato il boom dei matrimoni misti, pari al 300 per cento. Tra i matrimoni degli immigrati in Italia, il 10,4 per cento è tra un partner straniero e uno italiano. «Quelli tra un musulmano e un cristiano sono obiettivamente i più difficili», scrive monsignor Giuseppe Anfossi, vescovo di Aosta e presidente della Commissione episcopale per la famiglia, su

«Famiglia Cristiana» (n. 4/2007). «Perché riguardano due mondi culturali e religiosi tanto diversi». E segnala l'importante documento della Cei: *I matrimoni tra cattolici e musulmani in Italia* (2005).

«Quando la Chiesa suggerisce prudenza di fronte a un matrimonio nel caso uno dei due partner sia islamico, non è guidata da prevenzioni. Semplicemente interpreta le difficoltà oggettive, che sono legate al modo di intendere il matrimonio, molto diverso tra le due parti». Infatti, per un musulmano i figli devono essere educati alla religione dei padri, mentre la Chiesa chiede alla madre cattolica, che si sposa col rito cristiano, di fare tutto il possibile per proporre la fede cattolica ai figli; e al padre musulmano è chiesto di acconsentire alla volontà della moglie. Altro problema, il matrimonio nell'islam non è fatto per durare per sempre: bisogna fare i conti con questo e anche con la poligamia. Se poi è una donna musulmana a sposare un cattolico italiano, caso più raro, si hanno ulteriori problemi, perché il diritto islamico, che viene conservato nel codice di diritto familiare dei diversi Paesi musulmani, non consente e non riconosce questo matrimonio, ma esige la conversione all'islam del futuro sposo.

Casi che riguardano un numero molto limitato di matrimoni interreligiosi, perché solo il 15 per cento di questi aspiranti sposi bussa alle porte della Chiesa. La maggior parte percorre vie diverse, il matrimonio islamico in moschea, nel Paese d'origine del marito, attraverso il consolato, oppure la semplice convivenza. O anche il matrimonio civile. Pesa molto anche la nazione d'appartenenza: non sono, infatti, assimilabili per cultura un musulmano arabo, uno indiano e uno albanese. Naturalmente, in questi casi giocano altri fattori culturali, storici, la predisposizione al dialogo, la qualità d'animo e di cuore, che nessuno può misurare.

«In questa materia», afferma monsignor Anfossi, «il fattore umano, compresa la rettitudine delle coscienze, è decisivo. Se uniti a sincera spiritualità e autentica fede possono fare il miracolo, e far nascere davvero qualcosa di nuovo, valido non solo in termini di laboratorio culturale, che avvicina mondi diversi, ma pure di dialogo autentico tra le religioni».

«Nonostante queste difficoltà», conclude, «la Chiesa cattolica italiana ha deciso di considerare le potenzialità della singola coppia concreta, per discernere la loro capacità di condurre in porto il progetto intrapreso. È auspicabile che la parrocchia sia o diventi un luogo accogliente anche per queste coppie».

Per le persone davvero religiose, e praticanti, è più facile accettare l'altro, lo straniero. Ma è ancora diffusa l'opinione, anche fra molti credenti, che la religione cattolica proibisca i matrimoni con i musulmani. Grazie alla globalizzazione e alle tante possibilità di incontro, oggi più che in passato, giovani di nazioni e religioni differenti si conoscono e si frequentano. E al cuore non si comanda. Non c'è barriera che possa ostacolare i sentimenti. Soprattutto tra i giovani. Nascono legami esili e forti al tempo stesso. Che aprono nuovi orizzonti, con qualche sorpresa non sempre ben ponderata in anticipo. Ma per chi vuole mantenere la propria religione e l'amore con una persona dal diverso credo questo è possibile. La Chiesa prevede, appunto, la «licenza» per il matrimonio misto. Anche se mette in guardia dai rischi, e chiede alla parte cattolica di allontanare i rischi di perdere la propria fede e garantire che i figli siano battezzati ed educati nella fede cattolica. Impegni che l'altra parte, la musulmana, deve conoscere in partenza. Entrambi devono essere formati e informati sulla natura, i fini e le proprietà del matrimonio. E nessuno dei due deve escluderli.

Ma c'è qualcosa che va oltre quanto prevede e regola il Codice di diritto canonico, quando il vescovo prende in considerazione la richiesta di un matrimonio misto. L'islam non è solo una religione. È anche cultura, politica, organizzazione sociale, etica che regola la vita privata e pubblica delle persone. Interviene sulle preghiere e sui modi di pregare, come sul cibo e sui rapporti con chi appartiene ad altre religioni. È da tenere presente che, in questa rigida organizzazione sociale, la donna non sempre è tutelata come si deve. Per pregiudizi o per antichissime tradizioni. E la stessa famiglia ha peculiarità diverse dall'Occidente, rispetto all'autorità dei padri sui figli e sul nucleo familiare, come sulla parità dei diritti tra moglie e marito.

È pur vero che tutto dipende dalle persone. Ma, prima di legarsi a chi appartiene a fede e cultura islamica, tutto ciò non può essere ignorato. A maggior ragione se, dopo il matrimonio, si decide di stabilirsi in un Paese musulmano, dove i condizionamenti culturali sono ancor più forti. La prudenza non guasta, così come è bene approfondire le conoscenze. Se si vogliono avere le opportune garanzie per mantenere la propria fede religiosa, battezzare i figli ed educarli nel credo cattolico. Ma anche per poter svolgere il ruolo di moglie e di madre. In serenità. Senza doversi pentire della scelta fatta. Amore sì, con tutto il supporto umano e religioso possibile. Ma anche con i piedi per terra.

Le unioni miste, comunque, costituiscono un vero e proprio «laboratorio sociale». E confermano che la convivenza tra identità culturali diverse non solo è possibile, ma genera nuovi progetti di vita e di amore. Esse possono diventare una «profezia» per un futuro di pace. Anche in quella «società dei mille colori» che è già oggi l'Italia.

Conclusioni
Esistono limiti all'accoglienza?

Quando si costruiscono ponti, si facilita l'integrazione e si rafforza la sicurezza dei cittadini. Se si alzano muri o si usa la clava, si ottiene l'effetto contrario. Il presidente Berlusconi, nel Consiglio dei ministri che si è tenuto a Reggio Calabria, a fine gennaio 2010, ha scelto il pugno di ferro. In vista delle elezioni regionali, forse, voleva rubare la scena al ministro Maroni. E portargli via voti al Nord, perché dare addosso agli immigrati, politicamente, «rende». E molto bene. Elogiando la politica del suo governo contro i clandestini, ha detto: «Meno extracomunitari meno criminali. Una riduzione degli extracomunitari in Italia significa meno forze che vanno a ingrossare le schiere dei criminali».

Alle critiche dell'opposizione, che ha accusato Berlusconi di razzismo e d'essere subalterno alla Lega, s'è aggiunta una presa di distanza netta da parte della Chiesa. «Dai nostri dati», ha replicato monsignor Mariano Crociata, segretario dei vescovi italiani, «risulta che la percentuale della criminalità tra italiani e stranieri è analoga, se non identica. La dignità di ogni persona umana non può essere oggetto di pregiudizio e discriminazione».

Sulla stessa linea la Comunità di Sant'Egidio: «L'irragionevole equiparazione tra immigrazione e criminalità non solo non corrisponde alla verità, ma conduce alla criminalizzazione degli immigrati, non rispetta i diritti delle persone e deforma la realtà». Ne è convinto anche Marzio Barbagli, professore di Sociologia all'Università di Bologna, esperto di immigrazione e criminalità, che ha detto: «Più clandestini uguale più criminalità, meno clandestini meno crimini: la formula è molto semplice, diretta, facile da comprendere, ma la realtà è diversa».

Una via d'uscita bisognerà trovarla. Eccessi e posizioni estreme, da qualunque parte provengano, non servono a governare una società multietnica e multiculturale. Come conciliare i princìpi con la realtà? «C'è una tentazione diffusa anche in alcuni ambienti cattolici, lodevolmente impegnati in prima fila sul fronte dell'accoglienza agli stranieri», ricorda Enzo Bianchi, priore di Bose, nel suo libro *Ero straniero e mi avete ospitato* (2006), «di pensare al criterio dell'accoglienza sempre e in ogni caso di tutti quelli che bussano alle nostre frontiere».

«È eticamente corretto», si chiede, «accogliere qualcuno senza potergli fornire casa, pane, vestito e, soprattutto, una soggettività e una dignità nella nostra società? L'accoglienza è altra cosa dal soccorso in caso di emergenza. Occorre riconoscere che esistono dei limiti nell'accoglienza: non i limiti dettati dall'egoismo di chi si asserraglia nel proprio benessere e chiude gli occhi e il cuore davanti al proprio simile che soffre, ma i limiti imposti da una reale capacità di 'fare spazio' agli altri, limiti oggettivi, magari dilatabili con un serio impegno e una precisa volontà, ma pur sempre limiti».

Il fenomeno immigrazione non è terreno da lasciare incolto. Oggi, i fatti impongono di governarlo, più che subirlo o contrastarlo. E agendo con saggezza. La stessa virtù che invoca monsignor Luciano Monari, vescovo di Brescia, una delle città con il maggior numero di extracomunitari. «Auspico che ci sia abbastanza saggezza per il futuro», ha detto in un'intervista al «Corriere della Sera» (21 gennaio 2010). «Noi non facciamo più figli per continuare con serenità il nostro cammino culturale ed economico e mi piacerebbe che ci fosse nei confronti dei bimbi che nascono qui, italiani o stranieri, un atteggiamento accogliente. Il rischio per noi è non avere sufficiente materiale spirituale per creare futuro nostro».

Al pacchetto sicurezza, il vescovo di Brescia preferisce un

«pacchetto integrazione». «Che vuol dire», spiega, «mettere in atto una serie di iniziative e opportunità perché chi viene in Italia possa entrare in modo soft dentro la nostra cultura. Il lavoro è soprattutto scolastico. Ma il cammino di cambiamento deve anche essere nostro. Si richiedono anche a noi adattamento e apertura. È una delle caratteristiche della cultura occidentale: modificarsi creativamente nell'incontro con altre culture senza chiusure».

L'integrazione è, soprattutto, un fattore culturale. Anche se si fatica a comprenderlo. È, questo, il terreno più fecondo. Come dimostra la ricerca sulla lotta a ogni forma di emarginazione, condotta da Gfk Eurisko per l'Osservatorio permanente giovani editori di Andrea Ceccherini. Se è vero che i giovani più che gli adulti (58 per cento contro 41 per cento) vedono l'immigrazione come un pericolo sociale, a causa dell'eccessivo allarmismo dei media, è indiscutibile che gli studenti con maggiore dimestichezza coi giornali, che leggono in classe assieme agli insegnanti, giudicano positivo l'arrivo degli stranieri.

«Questi ragazzi», ha detto Remo Lucchi, amministratore delegato di Gfk Eurisko, «pur restando molto critici nei confronti dell'immigrazione, sviluppano un percorso di accettazione molto più rapido dei loro coetanei che non entrano in contatto con il 'Quotidiano in classe'. Sviluppano una più spiccata propensione a guardare e cercare di comprendere i problemi sociali, compreso quello dell'emarginazione dei più deboli» («La Nazione», 27 gennaio 2010).

Non sappiamo se l'iniziativa di Andrea Ceccherini, di celebrare nelle scuole, il prossimo 3 giugno, subito dopo la festa della Repubblica, una Giornata nazionale dedicata all'inclusione sociale, avrà successo. Senz'altro, siamo certi che l'Italia non può più fare a meno, da subito, di programmare il proprio futuro assieme agli stranieri. In un clima di maggiore fiducia e stabilendo nuove relazioni. La «società arcobaleno», prossima ventura, ci sorprenderà. In meglio, naturalmente.

Bibliografia essenziale

Agenzia Redattore sociale, *Guida per l'informazione sociale. Edizione 2010*, Centro documentazione Agenzia Redattore Sociale della Comunità di Capodarco.

Maurizio Ambrosini, *Utili invasori. L'inserimento degli immigrati nel mercato del lavoro italiano*, Franco Angeli, Milano 1999.

Marzio Barbagli, *Immigrazione e sicurezza in Italia*, il Mulino, Bologna 2008.

Enzo Bianchi, *Ero straniero e mi avete ospitato*, Rizzoli, Milano 2006.

Rita Bichi (a cura di), *Separated children. I minori stranieri non accompagnati*, Franco Angeli, Milano 2008.

Laura Boldrini, *Tutti indietro*, Rizzoli, Milano 2010.

Andrea Camilleri, Saverio Lodato, *Un inverno italiano*, Chiarelettere, Milano 2009.

Giuseppina Camilli Agnelli, *Famiglie a colori. Promuovere l'integrazione sociale delle persone migranti attraverso la mediazione interculturale*, Edizioni San Paolo, Cinisello Balsamo 2007.

Giuseppina Camilli Agnelli, *Le unioni miste. Storie di coppie fra sentimenti forti e diversità culturali*, prefazione di Francesco Belletti, Edizioni San Paolo, Cinisello Balsamo 2009.

Caritas-Migrantes, *Immigrazione. Dossier statistico 2009. XIX Rapporto*, Edizioni Idos, Roma 2009.

Francesca Decimo, Giuseppe Sciortino (a cura di), *Reti migranti. Stranieri in Italia*, il Mulino, Bologna 2006.

Giancarlo Ferrero, *Contro il reato di immigrazione clandestina. Un'inutile, immorale, impraticabile minaccia*, prefazione di don Luigi Ciotti, Ediesse, Roma 2010.

Barbara Ghiringhelli, Augusto Negri, *I matrimoni cristiano-islamici in Italia*, Edizioni Dehoniane, Bologna 2008.

Corrado Giustiniani, *Fratellastri d'Italia. Vite di stranieri tra noi*, Laterza, Roma-Bari 2003.
Medici senza frontiere, *Una stagione all'inferno. Rapporto sulle condizioni degli immigrati impiegati in agricoltura nelle regioni del Sud Italia*, 2007.
Raffaele Nogaro (con Orazio La Rocca), *Ero straniero e mi avete accolto. Il Vangelo a Caserta*, Laterza, Roma-Bari 2009.
Vinicio Ongini, Claudia Nosenghi, *Una classe a colori*, Vallardi, Milano 2009.
Gaia Peruzzi, *Amori possibili. Le coppie miste nella provincia italiana*, Franco Angeli, Milano 2008.
Paolina Pistacchi, Beatrice Accorti Gamannossi, *Il ponte adottivo. Saldare le storie di vita dei bambini d'origine straniera a scuola*, Unicopli, Milano 2009.
Vladimiro Polchi, *Blacks out. 20 marzo, ore 00.01. Un giorno senza immigrati*, Laterza, Roma-Bari 2010.
Sandro Rinauro, *Il cammino della speranza. L'emigrazione clandestina degli italiani nel secondo dopoguerra*, Einaudi, Torino 2009.
Giovanni Sartori, *Pluralismo, multiculturalismo e estranei*, Rizzoli, Milano 2002.
Eugenia Scabini, Giovanna Rossi (a cura di), *La migrazione come evento familiare*, Vita e Pensiero, Milano 2008.
Giuseppe Scattolin, *L'islam nella globalizzazione*, Emi, Bologna 2004.
Giovanni B. Sgritta, *Badanti e anziani in un welfare senza futuro*, Edizioni Lavoro, Roma 2009.
Riccardo Staglianò, *Grazie. Ecco perché senza gli immigrati saremmo perduti*, Chiarelettere, Milano 2010.
Gian Antonio Stella, *L'orda. Quando gli albanesi eravamo noi*, Rizzoli, Milano 2003.
Gian Antonio Stella, *Negri, froci, giudei & co. L'eterna guerra contro l'altro*, Rizzoli, Milano 2010.
Feven Abreha Tekle, Raffaele Masto, *Libera*, Sperling & Kupfer, Milano 2005.
Ida Zilio-Grandi (a cura di), *Matrimoni e matrimoni misti nell'ordinamento italiano e nel diritto islamico*, Marsilio, Venezia 2006.

Indice dei nomi*

* I nomi degli immigrati dei quali non è stato possibile fornire il cognome sono stati qualificati con il paese di provenienza. L'indice riporta anche i nomi delle associazioni umanitarie citate.

Annotazioni

Annotazioni